EZENETE RODRIGUES & HENRIQUE KRIGNER

# FAZ MINHA IGREJA ORAR

quatro ventos

**quatro ventos**

Editora Quatro Ventos
Rua Liberato Carvalho Leite, 86
(11) 3230-2378
(11) 3746-9700

Diretor executivo: Renan Menezes
Editora responsável: Sarah Lucchini
Equipe Editorial:
Mara Eduarda Garro
Paula de Luna
Gabriela Vicente
Revisão: Eliane Viza B. Barreto
Diagramação: Vivian de Luna
Capa: Vinícius Lira

Todos os direitos deste livro são reservados pela Editora Quatro Ventos.

Proibida a reprodução por quaisquer meios, salvo em breves citações, com indicação da fonte.

Todas as citações bíblicas e de terceiros foram adaptadas segundo o Acordo Ortográfico da Língua Portuguesa, assinado em 1990, em vigor desde janeiro de 2009.

Todo o conteúdo aqui publicado é de inteira responsabilidade do autor.

Todas as citações bíblicas foram extraídas da King James Atualizada, salvo indicação em contrário.

Citações extraídas do site https://bibliaportugues.com/kja/. Acesso em março de 2020.

1ª Edição: Maio 2020
1ª Reimpressão: Dezembro 2020

Ficha catalográfica elaborada por Geyse Maria Almeida Costa de Carvalho – CRB 11/973

---

K92f Krigner, Henrique

Faz Minha Igreja orar: a prática que muda o mundo / Henrique Krigner, Ezenete Rodrigues. – São Paulo: Quatro ventos, 2020.
224 p.

ISBN: 978-85-54167-36-3

1. Religião. 2. Vida cristã. 3. Crescimento espiritual. 4. Oração. I. Título.

CDD 243
CDU 27-1

# SUMÁRIO

Introdução .................................................. 19

1 Todos nós somos intercessores ................... 25

2 O bê-á-bá da intercessão ............................ 45

3 A vida é uma escolha .................................. 67

4 O quebrantamento como estilo de vida ...... 85

5 Os princípios inegociáveis
   de um intercessor ...................................... 101

6 Intercessão vitoriosa .................................. 123

7 Organizando sua vida de oração ................. 141

8 Descobrindo minha visão ............................ 161

9 Destravando uma revolução ....................... 175

10 Brasil: uma torre de
    intercessão para as nações ....................... 197

# ENDOSSOS

"Este livro é uma bomba pronta para incendiar sua vida de oração! A Pra. Ezenete é uma grande referência, e também uma autoridade em nossa nação no que diz respeito à oração, intercessão e intimidade com Deus. E o Krigner é uma voz profética em sua geração, um líder que Deus levantou nacionalmente para convocar a Igreja a entrar e se posicionar na brecha através da intercessão. Conheço esse homem de Deus há anos, desde o início da nossa caminhada de construção do Dunamis Movement. Com um chamado por justiça, não apenas na esfera da Igreja, mas também na política, Krigner é uma voz que merece ser escutada."

**TEÓFILO HAYASHI**
**Fundador do Dunamis Movement, líder sênior da Zion Church, colíder do The Send**

"Ainda me lembro das primeiras experiências que tive com o poder da oração. Elas começaram quando eu era apenas uma menina de 12 anos. Essas orações eram acompanhadas de compaixão, e eu podia sentir o peso do coração de Deus sendo compartilhado comigo.

Por isso, estou empolgada com este livro, pois anseio que muitas pessoas sejam despertadas a se alistarem nesse exército poderoso de oração e entendam que, enquanto Deus nos usa para mudar o mundo, somos os primeiros a ser transformados. Esta é a maior das aventuras de quem ora!"

**ANA PAULA VALADÃO BESSA**
**Pastora na Before the Throne Church e líder de adoração no ministério Diante do Trono**

"Henrique Krigner, um dos autores deste livro, é uma pessoa muito especial para mim. Ele está conosco na Zion Church desde a sua adolescência. Eu diria que ele é um filho espiritual exemplar e muito querido. Sua sinceridade, perseverança e incansável dedicação são marcas fortes de sua personalidade e conduta.

Ele foi apontado por Deus para liderar o ministério de intercessão de nossa igreja e tem sido bastante respeitado por sua autoridade espiritual e seu coração sempre pronto para ouvi-lO. Seu entendimento sobre oração e intercessão tem sido lapidado ano após ano.

Recomendo a leitura deste livro a todo aquele que deseja crescer em intimidade com o Senhor e ser um instrumento para trazer à Terra o coração e a mente do nosso Deus."

**DRA. SARAH HAYASHI**
**Fundadora da Zion Church**

"A pastora Ezenete tem carregado essa tocha da mobilização de oração já há muitos anos, com uma forte unção para a intercessão que está, em parte, compartilhada aqui neste livro. Muitas histórias com Deus e Seu povo, nesse lugar de dependência d'Ele, são narradas aqui para nossa edificação e inspiração. Assim também, Krigner tem se revelado um jovem intercessor que se levanta neste tempo de avivamento e colheita; seu coração arde por uma vida com o Senhor e por uma intercessão feita com maturidade, como um serviço amoroso a Cristo e ao Seu Corpo.

Em *Faz minha igreja orar*, Krigner afirma que: "compreender e experimentar o poder da oração a partir de um lugar de intimidade com Deus e relacionamento com o Espírito Santo é libertador". Esse trecho revela o quanto ele é, de fato, um jovem avivalista em sua jornada para o seu propósito de vida, muito consciente dos fundamentos de uma vida de adoração.

Esses dois líderes são grandes referências para a nossa geração. Ambos acreditam que oração e intercessão compõem o estilo de vida do cristão que anseia por transformar o mundo. Sendo assim, estão engajados em habilitar outros a cumprirem seus propósitos na colheita de almas das nações.

É com grande alegria que recomendo a leitura deste livro. Que você seja muito inspirado à obediência ao Pai Celeste em seu chamado pessoal e corporativo."

**HUDSON MEDEIROS**
**Líder da organização Brasil de Joelhos**

# DEDICATÓRIA

Dedico este livro a todos os adolescentes e jovens, para que tenham uma mudança de vida e passem a experimentar o sobrenatural todos os dias.

**PRA. EZENETE RODRIGUES**

Este livro é dedicado inteiramente a pessoas apaixonadas por Jesus, que desejam trazer o Seu Reino para a Terra. Pessoas comuns que entendem que realmente podem fazer isso através de uma vida de oração sólida e constante, gerando, assim, muitos resultados.

**HENRIQUE KRIGNER**

# AGRADECIMENTOS

Dedico minha gratidão ao Senhor por me escolher. Também à minha família, que mesmo com a palavra final dos médicos não deixou de interceder por minha vida. Agradeço ao meu marido, Marcos, por sempre me incentivar e acreditar em mim.

**PRA. EZENETE RODRIGUES**

Não consigo imaginar a possibilidade de escrever este livro a não ser pela mais perfeita e profunda graça de Deus. Agradeço a Ele pela honra e privilégio que é servi-lO através da intercessão.

Agradeço também ao meu pai espiritual, Teo Hayashi, que por anos tem acreditado em mim e me incentivado a abraçar o chamado de Deus para minha vida.

Por fim, agradeço imensamente a todos os intercessores, líderes e pastores do Corpo de Cristo no Brasil, que se entregaram por completo para que pessoas [como eu] fossem encontradas, salvas e discipuladas para uma vida com Cristo.

Muito obrigado a todos, em especial à Pra. Ezenete Rodrigues, que inspirou e continua inspirando gerações a terem um relacionamento íntimo com Deus.

**HENRIQUE KRIGNER**

# PREFÁCIO

Com certeza *Adonai*, o SENHOR Soberano, não realizará nada sobre a terra sem primeiro revelar os seus desígnios aos seus servos escolhidos, os profetas. (Amós 3.7)

O que você está prestes a ler não é mais um livro comum que poderia ser colocado na prateleira para revisitar depois. Esta obra é para o agora, e a mensagem que ela carrega é destinada à nova geração de brasileiros e a este momento divino que estamos vivendo enquanto cristãos. Inclusive, há anos, a pastora Ezenete tem preparado o caminho para que estas palavras fossem escritas e inseridas na gloriosa trajetória histórica do Brasil, justamente para o momento em que sua nação iria liderar o movimento de missões e intercessão entre os povos da Terra.

Anos atrás, a pastora Ezenete recebeu uma visão que anunciava a chegada do dia em que um grande ajuntamento de pessoas aconteceria no Brasil, gerando uma expansão explosiva do Reino e uma nova geração de jovens incendiados, que amam a Deus, oram incessantemente e pregam o Evangelho. E tudo isso pode ser respaldado biblicamente por Salmos 110.3, em que Davi já havia profetizado que um momento como este chegaria: "Teu povo se apresentará generoso, no dia da convocação. Nos montes santos, mais numerosos do que gotas de orvalho no seio da aurora, tu terás teus exércitos de jovens santos!".

Assim, no dia 8 de fevereiro de 2020, enquanto a escuridão da noite dava lugar aos primeiros raios de sol da manhã, dezenas de milhares de jovens brasileiros se reuniam em três estádios de futebol para o The Send Brasil. 150.000 jovens vibravam em adoração a Jesus em vestes sacerdotais de santidade ao Senhor. Que dia poderoso!

Ao longo do evento, cegos passaram a ver e, por isso, gritaram maravilhados. Milhares de pessoas foram enviadas para os campos de colheita evangelística. A visão profética que a pastora Ezenete havia recebido do Senhor se cumpriu, e o sonho se tornou realidade. Porém, nada disso estava destinado a terminar em somente um dia. Na verdade, trata-se de uma janela para uma mobilização em massa, preparação, envio e intercessão. Prova disso é que, agora mesmo, enquanto escrevo este prefácio, 51.000 brasileiros estão comprometidos com um jejum de quarenta dias em busca de avivamento, colheita e uma reforma nacional. Somente Deus poderia fazer algo tão grandioso.

Por essa razão, eu creio que uma nova geração liderada por muitos generais espirituais, como Henrique Krigner, coautor desta obra, pode direcionar as paixões ardentes desse exército de avivalistas para uma ativação intercessória – dentro e fora do Brasil – que liberará um imenso poder espiritual para toda a Terra.

Nesse sentido, este livro funcionará como gatilho e manual de oração para fazer com que aquele dia (o The Send Brasil) se transforme em um ano, uma década e em uma geração que, como Daniel, será reconhecida por arcanjos como pessoas grandemente estimadas no Céu. Isso, porque se renderam por completo à vocação suprema da amizade com Deus e da intercessão profética.

A respeito disso, Arthur Wallace, o pai do movimento carismático na Inglaterra, disse certa vez: "Se quiser aproveitar a sua vida ao máximo, descubra o que Deus está fazendo em sua geração e se jogue nisso!". E o que Ele está realizando agora, em nosso meio, tem início neste momento tão pulsante após o The Send.

Deus está chamando o Brasil para impactar todos os povos. E Jesus, o grande intercessor, sempre está intercedendo por nós e pedindo as nações como Sua herança. Não O deixe orar sozinho. Tome parte nesta revolução milenar de jejum e oração cujo destino é sacudir reinados, abrir os Céus e enviar evangelistas e transformadores aos campos maduros de uma humanidade perturbada e sem esperança. Permita que este livro equipe você poderosamente para a grande tarefa que está em suas mãos. A História pertence aos intercessores.

**LOU ENGLE**
**Avivalista e intercessor**
**Cofundador do movimento The Call**
**Colíder do The Send**

# Introdução

Foi dentro de um dos contextos mais poderosos que já experimentamos na história do Brasil que este livrou nasceu. Tudo começou no ano passado, em 23 de fevereiro, dia em que aconteceu a primeira edição do evento The Send.[1] Nessa ocasião, centenas de milhares de brasileiros e brasileiras ouviram o chamado de Mateus 9.38: "Por isso, orai ao Senhor da seara e pedi que Ele mande mais trabalhadores para a sua colheita", e decidiram responder com seu mais sincero "sim". E, hoje, escrevemos cada uma destas palavras em meio à preparação para o próximo The Send, aqui no Brasil, com o objetivo de equipar e lançar você para uma jornada com Deus em que a oração se tornará o impulso mais forte e natural em seu interior.

Quem dera estivéssemos compartilhando experiências a partir de um lugar em que já sabemos

---

[1] O The Send é um movimento de cunho missionário que visa despertar uma geração para a importância do envio de pessoas para alcançar nações levando os valores do Reino de Deus. Sua primeira edição aconteceu em Orlando, Flórida, no dia 23/02/2019. Foi um ajuntamento de pessoas de diferentes locais do globo em prol de clamar por um novo tempo de evangelismo e missões.

tudo, e não temos mais nada para aprender, ou de onde nada mais que pudesse nos desafiar. Pelo contrário, tudo quanto vivemos, todas as revelações e testemunhos que você encontrará neste livro são etapas de um caminho que ainda está sendo traçado, mas que já tem o potencial de inspirá-lo e fortalecê-lo em sua própria jornada.

Sendo assim, existem duas coisas que você precisa ter muito claras sobre este livro: (1) ele não é destinado a intercessores que se contentam em cumprir escala na igreja; (2) ele não cai bem no estômago de quem quer ter uma vida comum, sem grandes emoções. Vou explicar melhor o que quero dizer.

Algo que tem sido confundido no Brasil ao longo dos últimos anos é o papel do intercessor. Na realidade, nosso discurso está alinhado, mas a prática nem tanto. A partir das visitas que faço a igrejas, das conversas que tenho ao encontrar intercessores de todo o Brasil em eventos, e também pelo que observo nas redes sociais, percebo que boa parte dos ministérios de intercessão vivem em extremos: ou são acuados, dedicados a cumprir escalas e orar por eventos e departamentos da igreja local, ou são ministérios "espirituais demais", em que tudo é permitido. Ou seja, estão focados apenas em guerra espiritual, atos proféticos e outros "mistérios". Por isso, perdem a credibilidade frente aos demais membros e líderes do corpo local.

Nenhum extremo é saudável, especialmente quando falamos sobre intercessão. Tão importante quanto interceder pela igreja local é que esse ministério difunda uma cultura de oração para as diferentes áreas da comunidade – o que acontece quase que automaticamente, quer se perceba ou não. Por isso, é tão sério e perigoso o que se vê em grupos de intercessores descomedidos: eles não se dão conta de que estão disseminando conceitos que, muitas vezes, acabam afastando e frustrando as pessoas "comuns" de aprenderem mais sobre oração e intercessão. Um grupo fora de controle só existe porque temos indivíduos com essa postura, e é nesse ponto que vamos tocar nos próximos capítulos. Partiremos da premissa de que todos somos intercessores. E, a partir disso, poderemos cumprir o chamado de Deus para nós antes mesmo que isso se torne uma realidade no mundo físico. É através da intercessão que nos posicionamos e nos aproximamos do cumprimento desse propósito.

Creio que um dos motivos pelo qual tantos jovens (e também adultos) andam em círculos por anos e anos, em vez de caminharem de forma intencional para seu chamado, é por não comunicarmos a perspectiva correta sobre oração e intercessão. O episódio que melhor reforça essa verdade é o da visita de Jesus à casa de Marta e Maria:

> E aconteceu que, indo eles de caminho, entrou Jesus numa aldeia; e certa mulher, por nome Marta, o recebeu em sua casa;
> E tinha esta uma irmã chamada Maria, a qual, assentando-se

também aos pés de Jesus, ouvia a sua palavra. Marta, porém, andava distraída em muitos serviços; e, aproximando-se, disse: Senhor, não se te dá de que minha irmã me deixe servir só? Dize-lhe que me ajude. E respondendo Jesus, disse-lhe: Marta, Marta, estás ansiosa e afadigada com muitas coisas, mas uma só é necessária; E Maria escolheu a boa parte, a qual não lhe será tirada. (Lucas 10.38-42 – ARC)

A respeito disso, o livro *The river of God*[2], de autoria do Pr. Dutch Sheets, traz o entendimento de que a palavra grega traduzida no versículo 40 como "distração" é *perispao*, que significa "se rastejar em círculos". E, no mesmo trecho, o termo "serviços" vem do grego *diakonia*, que também é traduzido como "ministério" no Novo Testamento. Ou seja, Marta andava em círculos pensando que assim estava cumprindo seu ministério, enquanto Maria tinha entendido uma certa ordem de prioridade: era importante e urgente que ela se colocasse aos pés de Jesus para ouvir palavras que saíam do Seu coração. Então – só depois de ter feito isso – ela poderia se por novamente de pé para cumprir com o seu *diakonia*. Trazendo para nossa realidade, posicionar-se aos pés de Jesus para ouvir Sua palavra é um retrato físico (e bastante prático) do que é o lugar de oração e intercessão.

É nesse sentido que acabamos fortalecendo uma geração de intercessores como Marta, e não Maria,

---

[2] SHEETS, Dutch. **The river of God**: moving in the flow of God's plan for revival. Bloomington, Minnesota, USA: Bethany House, 1998.

ao pregarmos uma vida de oração focada em guerra espiritual, atos proféticos e outros "mistérios". Não pense que não acredito nisso. Além de acreditar, eu vivo e amo essas coisas. No entanto, sei que essa não é a definição mais correta sobre o que é intercessão, e consigo calcular o preço alto que estamos pagando por alimentar essa confusão de significados.

O resultado é esse: uma geração que acha que intercessão é coisa de senhoras de coque e saia longa que expulsam demônios com um estalar de dedos e só abrem a boca para liberar profecias bizarras. São as "tias" que se movem "no manto", e ai de quem estiver em pecado ao lado delas. Acredite em mim, embora essas pessoas existam e sejam muito valiosas para o corpo de Cristo, esse não é o único e mais perfeito modelo de oração e intercessão que há. Cada um de nós expressa nossa intimidade com Deus de um jeito diferente, e a forma de um não invalida a do outro. Entretanto, acreditar que esse perfil é o único que define alguém com uma vida de oração consolidada tem afastado as pessoas que simplesmente não são assim. Elas pensam que, por não se encaixarem nesse padrão, não são "espirituais o suficiente". Por fim, acabam abrindo mão de investir em uma vida de oração e intercessão sólida, consistente e poderosa.

Ao construir um estereótipo como esse, afastamos jovens de experimentarem a essência da intercessão e os efeitos disso em suas vidas. Ou seja, eles continuam andando em círculos, pensando que, assim, cumprirão o seu chamado. Entenda: não estou criticando as pessoas, mas desconstruindo uma imagem que é mais cultural do que efetivamente bíblica.

Por outro lado, compreender e experimentar o poder da oração a partir de um lugar de intimidade com Deus e relacionamento com o Espírito Santo é libertador. Uma vez nesse lugar, todos os estereótipos, medos e inseguranças ficam em segundo plano diante da grandeza e certeza de quem é o nosso Deus. E nos dedicamos às próximas páginas para resgatar o seu coração e interesse por esse local, na esperança de erguer uma geração que escolhe orar e permanecer aos pés de Jesus, recebendo verdade, encorajamento, visão e estratégia para cumprir o seu papel aqui na Terra.

Portanto, esse é um convite para uma jornada sem retorno, que só produz frutos eternos; é uma estrada de mão única que não permite retrocessos nem marcha lenta. Nesse caminho, nós encontramos segurança, proteção e estratégia para a conquista dos territórios à frente. Eu e a Pra. Ezenete Rodrigues convidamos você a trilhá-lo conosco, e nas próximas páginas discorreremos sobre como fazer isso.

**Henrique Krigner**

CAPÍTULO UM

# TODOS NÓS SOMOS INTERCESSORES

### HENRIQUE KRIGNER

Se você me dissesse há dez anos que aos 27 eu estaria escrevendo um livro sobre intercessão, compartilhando a minha experiência e inspirando toda uma geração a se dedicar à arte da oração, eu, com certeza, lhe devolveria um sorriso educado e encontraria um jeito de mudar de assunto. Na verdade, foi isso que eu fiz com absolutamente todas as pessoas que um dia me trouxeram essa palavra e profetizaram que este momento chegaria. Mas, finalmente ele chegou. E foi da melhor maneira possível, além do que eu poderia ter sonhado: escrevo este livro ao lado de uma das minhas maiores referências de vida e intercessão, a Pra. Ezenete Rodrigues.

Através de seu estilo de vida, Ezenete nos inspira a desenvolvermos um relacionamento profundo com o Senhor. Além disso, seu desejo é impulsionar toda uma geração a conquistar espaço através de oração e envio, ou seja, ouvirmos os pensamentos de Deus e trazê-los para a realidade terrena. Tenho certeza de que, à medida que você avançar nesta leitura, será instigado a orar e crescer em intimidade com Deus.

Já a minha história com a prática de oração começou poucas semanas depois do dia da minha conversão. Quando eu tinha 16 anos de idade, fui convidado por um amigo para participar de um churrasco e jogar futebol em um sábado à tarde. Particularmente, eu nunca fiz muita questão de jogar bola, mas, como essa era a condição para poder participar do churrasco, aceitei o convite. Na mesma hora, precisei sair em busca de uma chuteira emprestada, para fingir que era "boleiro".

Mas estava dando errado naquele dia. Eu e meu irmão já estávamos a caminho da casa do meu amigo Lucas quando batemos o carro e tivemos de voltar para casa. Tentei pegar um ônibus que eu sabia que me levaria até lá, mas a linha que costumava utilizar para esse trajeto não funcionava aos finais de semana. Então, precisei fazer outra rota, que eu não conhecia muito bem, o que me fez ficar perdido pelo caminho. Para resumir a novela, cheguei lá com mais de uma hora de atraso e encontrei nossos outros amigos nos esperando um pouco irritados com a situação, e eles tinham razão para se sentir dessa maneira, pois não tínhamos conseguido nos comunicar. Assim que cumprimentei todo mundo, descobri que o churrasco e o futebol haviam mudado de endereço e aconteceriam na casa de um amigo do Lucas, mas que, por conta do meu atraso, todos tinham perdido a carona e não sabiam como chegar lá.

Parecia o dia perfeito para cancelar o encontro planejado e pensar em algum programa mais tranquilo, sem nenhuma complicação. Mas hoje eu fico feliz por poder olhar para trás e perceber que não desistimos de estar juntos. Caso isso tivesse acontecido, talvez eu não estivesse onde estou agora.

Chegando lá, encontrei muitos de meus colegas do colégio e alguns amigos do Lucas. Alguém me disse que eles se conheciam da igreja, e isso me chamou a atenção. Na época, eu estudava em um colégio adventista e, além disso, venho de uma família católica praticante, o que contribuiu bastante para que eu buscasse por coisas espirituais. Lia livros, assistia a documentários sobre o assunto, ia às missas e costumava até voltar cantando um dos corinhos tocados durante essas reuniões. Fazendo isso eu me sentia "alinhado com Deus". Isso, porque eu tinha meu próprio entendimento sobre Deus, a respeito de espiritualidade e das diferentes religiões. De tanto estudar acerca desse tema, discuti-lo tornou-se interessante para mim. Mesmo com pouca idade, dificilmente encontrava alguém que conseguia me vencer nesse tipo de debate. E eu, de fato, fazia questão de provocar todos aqueles que pareciam estar supercerteiros em relação à religião.

Mas, naquele churrasco, alguma coisa estava diferente. Eu me lembro de sentir que existia algo novo na atmosfera, mesmo nos momentos em que estávamos apenas brincando entre amigos. No fim da tarde, quando eu já não aguentava mais correr na quadra por conta da quantidade de carne que havia comido, ouvimos alguém dizer: "Pessoal, vamos dar uma pausa no futebol e nos reunir aqui para cantar umas músicas; eu também irei compartilhar uma palavra". Até aí estava tudo certo. Eu não conhecia nenhuma das músicas, mas percebi que falavam a respeito de Jesus e que eram bem legais. Lembro-me que algumas pessoas começaram a levantar as mãos e eu pensei: "Agora as coisas estão ficando mais sérias por aqui. Vim parar no meio dos crentes".

Foi quando uma amiga se aproximou e sussurrou, como quem não estava gostando da situação: "Não acredito que o Lucas armou isso! Ele chamou a gente para um evento da igreja!". Eu não dei muita importância para aquele comentário, porque a verdade é que apreciava bastante o que estava acontecendo; eu sentia o meu coração ficar mais quente e eu não sabia o porquê.

De repente, um homem se colocou no meio da roda e começou a falar sobre a camiseta de um outro amigo meu, na qual estava escrita a frase: *Life is a party* (A vida é uma festa). Isso foi o suficiente para inspirar esse moço – que depois descobri ser um pastor – a começar seu discurso. Confesso que não me recordo de mais nada do que foi dito naquela noite. Alguns amigos meus ficaram bravos com a palavra, por acharem que ele estava criticando diretamente o meu amigo que usava a camiseta. Mas eu não me importava muito com aquelas críticas, porque só conseguia pensar no calor que sentia em meu peito.

No final de tudo, eles disseram: "Algumas pessoas estarão aqui disponíveis para orar por quem quiser. É só chegar!". Quando dei por mim, já caminhava em direção àquelas pessoas. Rapidamente, minha amiga me puxou e falou: "Ah não! Você não vai lá para a frente, né?". Mas, outra vez, não me importei muito com o que diziam e fui receber oração. Expliquei o que sentia em meu coração naquele momento e que queria entender o que estava acontecendo, pois não fazia sentido algum para mim. Em troca, recebi uma série de palavras proféticas, que revelaram o coração e os pensamentos de Deus sobre mim e me fizeram conhecer a Cristo. Foi então que me perguntaram: "Krigner, você quer entregar sua vida para Jesus hoje e passar a viver com Ele para sempre?". A minha resposta foi o "sim" mais confiante que eu já havia falado em toda a minha existência. As três letras que mudaram a minha vida para sempre.

Desde então tenho trilhado essa jornada com o Senhor, o que nem sempre foi fácil. No início, foi bastante complicado para a minha família entender o que acontecia comigo e a transformação pela qual eu passava. Parte da dificuldade se deu porque eu mesmo não sabia comunicar muito bem o que estava acontecendo, e eles se preocupavam com a possibilidade de que o meu envolvimento com a igreja me atrapalhasse nos estudos e em meu futuro.

Você precisa lembrar que, até poucos anos atrás, muitos pensavam que igreja evangélica era lugar de pessoas que não estudavam e eram manipuladas por pastores que só queriam o dinheiro dos fiéis. Graças a Deus essa imagem mudou e hoje está muito melhor, tanto que, quem faz esse tipo de afirmação acerca dos cristãos é corrigido na mesma hora e percebe que falou besteira. Justamente por conta da dificuldade que tive em casa, passei o primeiro ano de minha conversão quase inteiro indo apenas aos cultos Dunamis, que na época aconteciam em todas as últimas sextas-feiras do mês. Lá, eu via o que, para mim, eram as coisas mais bizarras do mundo: pessoas sendo curadas instantaneamente, outros orando em línguas, alguns chorando sozinhos, além de profecias e palavras de conhecimento[1] sendo liberadas, uma coisa mais extraordinária que a outra.

Certa vez, em um dos cultos, vi, literalmente, azeite brotar da mão de uma amiga que conheci no colégio. Imagine isso! Todas essas coisas eram fortes

---

[1] Palavra de conhecimento é um fato revelado por Deus a alguém acerca de uma pessoa ou situação, que não poderia ser conhecido a não ser pela revelação divina. Ver 1 Coríntios 12.8 e João 4.18.

demais, e provocavam em mim um desejo cada vez maior de conhecer mais a Deus e crescer em intimidade com Ele. Em meio a tudo isso, o meu amigo, Lucas, me disse: "Cara, existe uma igreja nos Estados Unidos que tem uma casa de oração aberta vinte e quatro horas por dia, todos os dias da semana. Eles fazem a transmissão ao vivo das sessões de oração e adoração", e aquilo foi uma descoberta incrível para mim.

No mesmo dia, assim que cheguei em casa, procurei pelo *site* da International House of Prayer em Kansas City (IHOPKC) e liguei na transmissão ao vivo da sala de oração. Esse foi o meu discipulado, treinamento de oração e minha "igreja" pelos primeiros oito meses de conversão. Certamente, acompanhar cultos *on-line* não substitui participar de maneira presencial de uma comunidade, adorar em família e desenvolver relacionamento com líderes e irmãos em uma igreja local, entretanto essa foi a saída temporária — realmente não durou muito tempo — que encontrei devido aos conflitos em casa.

Sendo assim, todos os dias, eu não me permitia dormir sem antes passar ao menos duas horas, cravadas no relógio, em oração e leitura da Palavra com o pessoal do IHOP. Foi nesse período que aprendi a diferença entre clamar e declarar, entre adorar e louvar. Passei a conhecer as diversas promessas que Deus havia deixado na Bíblia sobre mim, meu futuro e minha família. Durante esses momentos de oração e intercessão, comecei a ter experiências extraordinárias, como as que via nos cultos Dunamis, mas, agora, sozinho em meu quarto. Lembro-me bem de momentos em que me rendi em profunda adoração e tive visões, revelações, e até mesmo visitações angelicais.

Foi exatamente nessa época que comecei a descobrir o que era intercessão. Esses meses, em que fui discipulado através da transmissão ao vivo do que acontecia em uma casa de oração, foram fundamentais para solidificar em mim a certeza de que o lugar secreto seria o primeiro e o último ambiente onde eu queria estar, por toda a minha vida. Seria a partir dali que sairia toda a visão, as direções, os comandos de orações e as estratégias que eu colocaria em prática. E seria de volta para aquele local de intimidade com Deus que eu levaria os despojos, as derrotas, as frustrações, bem como as minhas dúvidas. E haja dúvidas. Desde que me converti até hoje, eu sempre tive muitas questões, mas aprendi que posso apresentá-las diante do Pai e, de fato, ouvir uma resposta. Isso me trouxe muita paz, além da confiança de que minhas dúvidas só me levam para mais perto d'Ele, em vez de me afastarem, como muitos afirmavam que aconteceria.

Antes de aprender sobre conceitos rebuscados de intercessão, níveis de batalha espiritual, nomes de potestades, e coisas do tipo (que, inclusive, muitos fazem questão de pregar), aprendi a lição número um de todo aquele que intercede: antes de sermos intercessores, somos filhos. Pode parecer simples, mas essa é uma verdade que é fácil de ser esquecida no dia a dia, especialmente quando nos colocamos na posição de intercessores.

É comum pensarmos que devemos cumprir uma missão para sermos aprovados, ou que, se não for através de nós, determinada pessoa ou família não receberá o "romper" que precisa. Ainda mais em meio a tantas atividades em nossa rotina, e diferentes pautas de oração. Nesse contexto, a nossa tendência é a de tirarmos as roupas de filhos do Rei para vestirmos a armadura de soldados guerreiros, como se o fato de sermos amados por Deus, o nosso Pai, não carregasse autoridade suficiente para nos habilitar a batalhar guerras espirituais, conquistar territórios e destravar tudo que estiver bloqueado.

O intercessor que perde essa revelação pode até conseguir se mover fortemente em um momento de oração de guerra, mas tem dificuldade em adorar em espírito e em verdade. Ele consegue exaltar o nome de Deus como o Justo Juiz e como Aquele que virá para resgatar os Seus (o que é a mais absoluta verdade). No entanto, essa mesma pessoa dificilmente se achega a Deus com gratidão por Sua bondade, por Seu amor e pela forma como Ele nos surpreende nas pequenas coisas — mesmo nas que nós não merecemos. Esse é um intercessor que, por anos e anos de estrada, e centenas de lutas acumuladas, hoje, clama mais por

*Jeová Sabbaoth* ("Deus dos exércitos", em hebraico) do que por *"Abá"* ("meu pai", em grego). Sim, Ele é os dois e muito mais. Mas nunca podemos nos esquecer que somos filhos de Deus. Afinal, a própria Palavra nos mostra que aqueles que são guiados pelo Espírito de Deus não são chamados "guerreiros do Senhor", nem os "valentes de Israel". Mas "[...] todos os que são guiados pelo Espírito de Deus são filhos de Deus" (Romanos 8.14).

Quando a situação em minha casa já estava melhor, comecei a frequentar os cultos de domingo e o de jovens, que acontecia aos sábados. Logo procurei por meu líder, André Tanaka, a fim de entender como eu poderia ouvir a voz de Deus. Como consequência disso, comecei a ter aulas com ele antes das reuniões de sábado e, assim, iniciou-se um relacionamento de discipulado que marcou minha vida para sempre. Lembro que anotava em meu caderno cada umas das dúvidas que tinha, bem como as revelações que recebia individualmente com Deus, e, toda semana, lia para o André, na expectativa de que ele respondesse as minhas perguntas e explicasse tudo o que eu escutava d'Ele. Entretanto, a estratégia sempre dava errado e eu saía dos nossos encontros com mais dúvidas ainda do que quando entrava. Mas tudo bem, porque, na verdade, esse foi o combustível que me impulsionou a gastar mais tempo lendo a Bíblia.

Continuei a investir esforços em desenvolver um relacionamento com Deus, e aprender sobre como Ele se manifesta e fala conosco. Eu me recordo, inclusive, de uma situação muito engraçada que aconteceu nesse tempo. Um dia, estava conversando com meu amigo João e acabamos inventando um jogo: antes do início do culto, buscávamos por uma palavra de conhecimento para saber qual seria o tema da pregação do dia. Era mais uma competição entre adolescentes do que um exercício espiritual de fato. Mas aconteceu que essa história chegou aos ouvidos da tia Antônia, que, na época, era líder do Ministério de Intercessão da minha igreja local. Conversamos com ela e assim pudemos entender que não se tratava simplesmente de um "jogo bobo", mas de uma forma de treinarmos ouvir a voz do Senhor.

Depois, ela nos chamou para conhecer e participar das reuniões de oração que aconteciam todos os domingos uma hora antes dos cultos da manhã. Confesso que pensei duas vezes antes de aceitar o convite, porque isso significava que teria de antecipar em duas horas minha saída de casa, para pegar o ônibus que me levaria até a igreja. No entanto, eu queria muito fazer parte de alguma reunião presencial que se parecesse com o que experimentava em meu quarto com a transmissão *on-line* daquela casa de oração.

Mas, o curioso é que, assim que compareci ao primeiro encontro, deparei-me com um cenário bem diferente do que esperava: a maioria dos que estavam presentes eram senhores e senhoras com mais idade.

Todos andavam de um lado para o outro lendo versículos, fazendo declarações e, por vezes, lágrimas caiam de seus olhos. Nossa pastora sênior, Dra. Sarah Hayashi, conduzia a reunião junto com a tia Antônia, dando direções de oração e discernindo espiritualmente cada sonho ou impressão[2] que as pessoas compartilhavam. A verdade é que eu esperava por algo mais silencioso, um ambiente em que todos estivessem sentadinhos em cadeiras, cada um em seu canto, orando como bem entendesse, enquanto a banda fazia um fundo musical na sala. Não entendia por que as pessoas andavam de um lado para o outro e, às vezes, levantavam a voz ou se ajoelhavam. A sensação que eu tinha era de que alguém comandava cada movimento dos intercessores, mas não era capaz de entender quem fazia isso.

Comecei a reparar bastante na maneira como a Pra. Sarah orava, além da fé e intimidade que ela transmitia ao conversar com Deus. Mais impressionante ainda foi quando percebi que, domingo após domingo, ela e seu irmão, o Pr. João Hayashi, reuniam-se horas antes do início do culto e da reunião de oração (que eu já considerava cedo demais para um domingo de manhã). Eles se ajoelhavam no altar para interceder pela igreja e pelo culto que começaria logo a seguir. Ao reparar isso, entendi que existe uma dimensão da oração que é

---

[2] Impressão é uma das formas de ouvirmos a voz de Deus. Acontece através de uma sensação, sentimento, forte impressão, intuição, paz no coração ou incômodo, que nos direciona a agir de acordo com a vontade do Senhor.

viciante, e quem experimenta o poder de conversar com o Senhor e o prazer de estar em Sua presença sempre busca por mais. É uma lógica um tanto incomum: quanto mais recebemos, mais queremos. Quanto mais somos saciados, mais temos sede d'Ele.

Observando a Pra. Sarah e o Pr. João, encontrei respostas as dúvidas que eu tinha: "Será que estou incomodando a Deus com tantas orações? Até que ponto meu clamor chega a ser uma insistência ou petulância para Ele?". Foi lindo ver que sim, eles haviam dedicado, por completo, suas vidas à oração diante do Senhor, mas não tinham o propósito de convencê-lO de que eram merecedores de algo. Tudo quanto faziam expressava naturalmente a intimidade que desenvolveram com o Senhor.

A oração é a demonstração espontânea de um relacionamento íntimo entre nós e Deus – Pai, Jesus e o Espírito Santo. Não podemos dizer que somos próximos a alguém se conversamos com essa pessoa somente de vez em quando, e se quando nos falamos, nos dispomos a tratar apenas de assuntos superficiais. Intimidade requer que ambas as partes gastem tempo juntas, além de envolver sinceridade, vulnerabilidade e constância, ou seja, demanda oração.

Assim que tive compreensão dessa lição, corri para dizer à tia Antônia que queria aprender a interceder. Mais do que orar e ter experiências legais, a partir dali, eu estava pronto para levar isso adiante e experimentar o poder da intercessão. Ela gostou muito da novidade e me deu uma lição de casa: "Durante essa semana, eu quero que você ore e peça ao Espírito Santo por uma direção de como interceder. E no próximo domingo nos encontraremos aqui na igreja uma hora antes da reunião de oração".

Fiquei muito empolgado quando ouvi a primeira parte da tarefa, mas tudo foi por água abaixo quando ela mencionou a segunda. Lembro-me de ter pensado: "Esse pessoal que ora não dorme, não? Eu já venho uma hora antes do culto para a reunião de oração. Agora vou ter de vir mais uma hora antes para outro compromisso? Isso significa que vou ter de sair de casa três horas antes do início do culto". Considere que os encontros de domingo em nossa igreja começavam às nove horas da manhã. Isso parece uma revolta meio boba (e era), mas me dê um desconto, porque tinha dezoito anos na época e não estava acostumado a ter compromissos tão cedo aos domingos.

Durante a semana, tive uma experiência sobrenatural no meu tempo de oração. Foi quando, com sinceridade, pedi a Ele: "Espírito Santo, me ensine a interceder". Simples assim. Logo continuei com a leitura que havia planejado, mas, de repente, ouvi como se fosse uma voz em minha mente dizendo: "Escreve o que Eu vou lhe falar". Rapidamente, peguei meu caderno e comecei a tomar nota de tudo que sentia e ouvia. Passo a passo, o Espírito Santo foi me ensinando a interceder. Ele disse: "Primeiro, comece gerando gratidão em seu coração. Depois, reconheça quem Eu sou e quem você é...". E, dessa forma, recebi um manual sobre como fazer intercessão. Quando terminei de escrever, fiquei assustado com o que tinha em mãos. Cheguei a me questionar: "E se tudo o que acabei de escrever estiver errado?". Se estivesse certo, eu ficaria feliz por ter ouvido a voz do Senhor, mas, do contrário, eu teria em minhas mãos um certificado de loucura. Até porque, a menos que estejamos nos referindo a alguém que escuta a Deus, somente uma pessoa muito louca ou endemoniada ouviria vozes. Isso é insano.

Mesmo assim, segui com meu compromisso firmado com a tia Antônia, e no domingo seguinte eu estava lá no horário combinado. Enquanto descia as escadas para chegar onde costumávamos fazer as reuniões, eu a encontrei sentada com a Bíblia no colo, em oração. Foi então que tive a resposta para a minha suspeita: quem ora realmente não dorme. Recordo-me até hoje do sorriso que ela abriu ao ver que eu tinha chegado. Sem demora, ansioso para contar a respeito da experiência que tive, ainda que estivesse um pouco inseguro, aproveitei e disse: "Tia Antônia, eu senti o Espírito Santo falando comigo, e Ele me deu 'um passo a passo' sobre como interceder. O que a senhora acha?". Ela me pediu para que lhe mostrasse o que eu havia escrito em meu caderno. Para minha surpresa, ela abriu mais um sorriso enorme e soltou uma gargalhada que só ela tem, dizendo: "Krigner! O Espírito Santo me falou que tem algo especial para você na área de intercessão, e que Ele mesmo lhe ensinaria a interceder a partir de alguns passos. Eu anotei tudo o que o Senhor me falou e olhe só". Quando ela me mostrou a agenda com as anotações, nós dois rimos e quase choramos de emoção, porque os mesmos passos que Ele havia falado para mim disse a ela também. Sem tirar nem pôr, seguindo a mesma ordem e com as mesmas instruções.

Muitos de nós mistificamos a oração e a intercessão. Complicamos tanto essas práticas e as tornamos tão subjetivas, que as pessoas, especialmente os novos na fé, não se sentem encorajados a conversar com Deus e clamar por pessoas e situações de forma constante. No entanto, sem falar com o Senhor e ouvi-lO, é impossível cumprirmos Seu propósito para nossas vidas – seja no âmbito profissional, ministerial, sentimental ou em qualquer outra área. Se orar fosse algo destinado aos que não estudaram muito, ou apenas aos que não têm força para fazer mais nada, o próprio Jesus não teria dedicado tanto tempo a isso, e não teria instruído, diversas vezes, os discípulos a fazer o mesmo. Se Cristo orou e intercedeu, quem somos nós para negar essas práticas em nosso dia a dia? Ou para dizer que ensinar sobre esse tema é algo básico demais se, na verdade, esse foi o único ensinamento que os discípulos questionaram? Lembre-se que nos quatro evangelhos vemos apenas um episódio em que os seguidores de Jesus Lhe pediram orientação sobre um tema específico. Poderia ter sido sobre Reino de Deus, salvação, o fim dos tempos, milagres ou sobre qualquer outra coisa – mas eles pediram: "[...] Senhor, ensina-nos orar [...]" (Lucas 11.1).

É esse mesmo clamor que percebo em nossa geração. Temos vivido um tempo de despertamento, em que o coletivo da Igreja brasileira está experimentando grandes moveres de sinais, maravilhas, revelações e momentos de intensa presença de Deus, especialmente através da adoração. Podemos observar também que muitos evangelistas têm se levantado para pregar as Boas Novas de maneira incessante e ousada, trazendo milhares de vidas para Jesus. Tenho certeza de que estamos apenas começando, e muitas outras vidas ainda serão tocadas pelo amor de Cristo. No entanto, já estamos saturados de ver as pessoas que têm uma vida dupla — não estou falando sobre quem está dividido entre a santidade e o pecado. Refiro-me aos que estão incendiados por Jesus em público, mas que quando ninguém está vendo vivem um tédio espiritual. Esse nunca foi o desejo de Deus para nossas vidas. Sim, Ele ama as multidões, porém anseia pela interação com cada um de nós individualmente.

Ele vem quando dois ou três estão reunidos em Seu nome (Mateus 18.20), isso não diz respeito apenas à quantidade de pessoas, mas ao propósito daquela reunião. Não se trata de quantos se ajuntam ao acaso, são indivíduos que, particularmente, são despertados, desejando estar com o Senhor, e, por esse motivo, buscam por outros que também querem mais de Sua presença. O que move o coração de Deus e precisa ser resgatado em nossa geração é um estilo de vida que nos faz queimar por Jesus no secreto tanto quanto no público. O lugar onde as pessoas geram todos os frutos que querem ver em suas vidas é o mesmo em que elas são saciadas e satisfeitas n'Ele, ou seja, no lugar secreto. Essa é a geração de João 17.13, que conhece a Deus Pai e a Jesus Cristo a ponto de estenderem a obra da cruz para toda a humanidade, redimindo vidas, famílias, cidades, nações e sistemas inteiros para funcionarem de acordo com o Reino de Deus.

Apenas as grandes conferências, ajuntamentos de milhares de pessoas e eventos marcantes têm se provado insuficientes para sustentar a paixão de nossa geração por conhecer a Jesus. Precisamos investir em tempo a sós com Deus, orando e dedicando-nos a Ele. Não pense que momentos como esse são solitários ou que isso não seja empolgante pelo fato de essa ser a jornada mais desafiadora de sua vida. Pelo contrário, afinal você começará a ver o mundo ao seu redor ser transformado a partir de intercessões que saem do seu quarto. Mas como fazer isso? Assim como foi comigo, o Espírito Santo irá direcioná-lo com um modelo único e íntimo de oração. Nos próximos capítulos, você também compreenderá um pouco mais sobre como uma das principais influências de oração do nosso país construiu um lugar de intimidade com o Senhor. Aproveite.

CAPÍTULO DOIS

# O BÊ-Á-BÁ DA INTERCESSÃO

HENRIQUE KRIGNER

Uma das maiores frustrações que podemos passar durante a vida, em minha opinião, é descobrir que uma coisa não é exatamente o que esperávamos que fosse. De fato, poucos acontecimentos são tão decepcionantes quanto ter uma grande expectativa não atendida. Para exemplificar essa ideia, acredito que todos podemos lembrar de alguma vez em que nos aproximamos de uma pessoa – que talvez desejássemos muito conhecer – e logo descobrimos que ela não era tão incrível quanto imaginávamos. Ou ainda, de quando fomos sedentos ao congelador, procurando por um delicioso sorvete e dentro do pote encontramos um grande bloco de feijão congelado. Com certeza, nós nunca mais voltamos a abrir o congelador com tanta fé e expectativa depois disso.

A verdade é que, à medida que passamos por frustrações em nossas vidas, nossos corações acabam se tornando mais "escolados", ou seja, aprendemos a nos comportar melhor e também a conter nossas expectativas. Mesmo sem perceber, é comum que criemos uma barreira de defesa a fim de nos proteger dessas frustrações. Esse mecanismo funciona para reduzir a quantidade de expectativa, ou seja, a emoção que sentimos ao esperar por algo. Isso pode, sim, ser positivo em determinadas situações, mas, no contexto da fé, pode ser extremamente danoso. Ter poucas expectativas ou viver com medo de se frustrar são sintomas de uma fé doente, e isso não pode ser levado adiante, uma vez que afeta diretamente a qualidade da nossa vida de oração.

Foi exatamente isso o que aconteceu comigo. Fazia pouco tempo que eu tinha me convertido, mas desde muito antes de começar a frequentar igrejas, já havia escutado diversas coisas sobre os intercessores e aqueles que se diziam homens e mulheres de oração. Acabei presenciando, também, muitos comportamentos estranhos nesse contexto. Por isso, infelizmente, criei determinada expectativa não muito boa acerca da intercessão. Tinha em mente um estereótipo negativo das pessoas que a praticavam, de forma que essa era a última coisa que eu queria fazer e participar dentro da Igreja.

Levando tudo isso em conta, é fácil imaginar que seria complicado dizer para mim, quando era adolescente, que eu poderia ter uma vida de oração poderosa e continuar sendo alguém aparentemente normal se a maioria dos exemplos que encontrei ao meu redor eram de pessoas que ficam trancadas em seus quartos o dia todo, ou se movem de modo tão intenso no dom profético que acabam se tornando esquisitas. Com certeza, você conhece alguém assim ou talvez você mesmo seja essa pessoa. Nesse segundo caso, não se sinta ofendido, pois, se esse é o chamado de Deus para a sua vida, existe espaço para que você se mova conforme a vontade do Senhor. Contudo, existe um problema quando encontramos exclusivamente esses dois tipos de intercessores, pois aqueles que não se encaixam nesses perfis também precisam de referências para que seja possível desenvolverem a mesma paixão e apreço por construir um lugar de oração. É possível, sim, ser um intercessor poderoso e não ser esquisito!

Voltando a pensar no exemplo do feijão no pote de sorvete, posso afirmar que minha expectativa em relação à prática da intercessão era correspondente a abrir o congelador e encontrar aquele enorme pote de feijão. Isso, porque eu permiti que minha expectativa fosse moldada pelas pessoas e suas interpretações sobre o que era ser "alguém de oração". Mas, graças a Deus, decidi dar um passo para experimentar por mim mesmo e descobrir o que de fato acontecia em um momento de intercessão, e, para a minha surpresa, acabei encontrando o melhor "sorvete" que poderia provar em toda a minha vida!

Só assim pude mostrar para mim mesmo – e com o tempo, também para os outros – que esse estereótipo é falso e completamente sem cabimento. Então, a questão passou a ser: como a minha experiência pessoal poderia ser tão diferente daquilo que as outras pessoas alegavam ter participado? Com essa dúvida em mente, comecei a mergulhar no entendimento de alguns conceitos-chave sobre intercessão que também irão ajudá-lo:

- Deus ama ouvir a nossa voz.
- Oração não é um pedido de *drive-thru*.
- Oração e intercessão não são a mesma coisa.

## DEUS AMA OUVIR A NOSSA VOZ

Acredito que todo mundo já se perguntou pelo menos uma vez na vida: "Se Deus sabe de todas as coisas, por que eu tenho que orar? Ele já tem conhecimento do que está acontecendo comigo, então, por que devo Lhe falar?". Por mais que essas sejam perguntas simples, muitos de nós teríamos dificuldade em trazer respostas sólidas, que fujam apenas do "porque sim", como é comum escutarmos repetidas vezes. A verdade é que a resposta para esses questionamentos começou a ser construída no Jardim do Éden, quando o próprio Deus criou o homem a partir do barro e soprou vida em suas narinas (cf. Gênesis 2.7).

Naquele momento algo foi gerado no coração do nosso Deus, que fez com que Ele se apaixonasse completamente por ouvir tudo o que dizemos. Isso continua sendo real hoje, e assim será por toda a eternidade. Na verdade, essa prática trata-se de um desejo constante de que aprendamos a compartilhar com Ele cada uma de nossas emoções, desde as mais lindas às mais feias. Trazer nossos pensamentos e anseios mais absurdos diante d'Ele, com certeza, agrada Seu coração, pois essa atitude expressa fé, dependência e temor ao Senhor. Inclusive, na Bíblia, não faltam exemplos de como isso é poderoso, e também como é algo instigado pelo próprio Deus.

Conforme vemos em Marcos 10, quando Jesus estava saindo de Jericó, ouviu alguém gritar Seu nome e incomodar a todos que O seguiam. O homem se chamava Bartimeu, ele era cego e sabia que um só toque, ou uma simples palavra de Jesus, seria suficiente para que ele fosse curado e não sofresse mais. Justamente por isso ele fez todo esforço para que sua voz fosse notada em meio à multidão de pessoas. Quando Jesus viu que o homem havia se levantado e chegado até Ele, perguntou: "O que você quer que eu lhe faça?" (cf. Marcos 10.51). Imagine isso: Jesus, Aquele que andava curando todo tipo de enfermidade e libertando as pessoas, estava diante de um homem notoriamente cego e perguntou qual era seu desejo. Seria muito simplista pensarmos que Ele estava confuso sobre o que deveria fazer naquela hora, pois obviamente conhecia a necessidade daquele homem. Entretanto, temos de lembrar que Jesus só fazia o que via o Pai fazer (João 5.19) – e Ele ama ouvir a nossa voz.

A pergunta de Jesus foi, na verdade, um convite para que Bartimeu abrisse seu coração e revelasse seu maior anseio. Assim, ele satisfaria o desejo do coração do Pai, que é ouvir a nossa voz. O mesmo acontece com o homem da mão mirrada (cf. Lucas 6.6-11), quando Jesus pede para que ele estique sua mão, isto é, que apresente ao Senhor e a todos no templo seu maior motivo de dor e, talvez, até de vergonha. É nesse ato de expressar, de revelar nosso coração através de palavras diante d'Ele que alcançamos a redenção, a cura e acessamos a realidade de Deus sobre aquela situação.

Alguns anos atrás, o Senhor me trouxe uma revelação sobre esse tema através da parábola das dez virgens:

> Portanto, o Reino dos céus será semelhante a dez virgens que pegaram suas candeias e saíram para encontrar-se com o noivo. Cinco delas eram sábias, mas outras cinco eram inconsequentes. As que eram inconsequentes, ao pegarem suas candeias, não levaram óleo de reserva consigo. Entretanto, as prudentes, levaram óleo em vasilhas, junto com suas candeias. O noivo demorou a chegar, e todas ficaram com sono e adormeceram. À meia-noite, ouviu--se um grito: "Eis que vem o noivo! Saí ao seu encontro!". Então, todas as virgens acordaram e foram preparar suas candeias. As insensatas recorreram às sábias: "Dai-nos um

pouco do vosso azeite, porque as nossas candeias estão se apagando". Porém as sábias responderam: "Não podemos, pois assim faltará tanto para nós quanto para vós outras! Ide, portanto, aos que o vendem e comprai-o". Mas, saindo elas para comprar, chegou o noivo. As virgens que estavam preparadas entraram com ele para o banquete de núpcias. E a porta foi fechada. Mais tarde, todavia, chegaram as virgens imprudentes e clamaram: "Senhor! Senhor! Abre a porta para nós!". Contudo ele lhes respondeu: "Com certeza vos afirmo que não vos conheço". (Mateus 25.1-12)

Estamos acostumados a interpretar essa parábola como um anúncio da volta de Jesus e um alerta para mantermos nossa chama sempre acesa, e realmente é esse entendimento que a Bíblia destaca nos versículos seguintes ao trecho acima. Mas eu acredito que exista outro ponto que merece ser observado: o que deixou as virgens tolas fora do casamento não foi somente o fato de estarem despreparadas, mas também a ausência delas no momento em que o noivo chegou. Repare que, sabendo que o noivo estava chegando, elas tentam conseguir um pouco de óleo com as outras virgens que, prevenidas, levaram mais. Por não conseguirem, decidem seguir o conselho dado pelas sábias e saem para comprar mais. Acredito que elas fazem isso como uma tentativa de esconder do noivo suas falhas.

Ou seja, o ato de comprar o óleo de última hora poderia ser uma investida para mascarar um erro, esconder quem de fato elas eram e, assim, parecerem sábias e perfeitas diante do noivo. Elas procuraram encobrir o fato de que não carregavam combustível suficiente, logo, não conseguiram manter a chama acesa e escolheram sair. Contudo, ao fazer isso, perdem a oportunidade de encontrar o noivo e estar no casamento, pois é justamente nesse momento que ele chega.

Nosso noivo, o próprio Jesus, deseja ouvir nossa voz e ter acesso ao nível mais profundo de quem somos, assim como fazer com que ouçamos a voz d'Ele, pois é dessa maneira que poderemos Lhe confessar nossas fraquezas e permitir que Ele nos restaure. Até porque, longe de um ditador autoritário, Ele é um Deus de amor que tem prazer em nos conhecer e Se fazer conhecido por nós. Assim Ele nos guiará em toda verdade, e, ao final, em Sua vinda, estaremos prontos para encontrá--lO. "As minhas ovelhas ouvem a minha voz; Eu as conheço, e elas me seguem" (João 10.27 – NVI).

Como se essas verdades não fossem suficientes para fazer nosso coração arder de desejo por nos relacionarmos cada vez mais com Ele, Deus ainda nos reveste com autoridade de domínio sobre a criação (cf. Gênesis 1.26-28). Sim, Ele sabe de todas as coisas, até mesmo das que ainda nem aconteceram. Mas, mesmo assim, escolhe agir através de nós, Seus filhos, interagindo conosco, escutando nossa voz e fazendo com que nossa alegria seja completa.

Pessoalmente, confesso que essa realidade não foi fácil de aceitar. Apesar de ler na Bíblia e de ouvir meus líderes afirmarem o quanto eu poderia me expressar livremente diante de Deus, ainda existia em mim um receio de que talvez Ele estivesse ocupado demais para ouvir meus problemas, ou que a fome na África fosse algo mais significativo para Ele do que meus medos. Cheguei a pensar até que eu não deveria levar para Ele meus pensamentos ou desejos pecaminosos. Porém, é libertador livrar-nos de todos esses receios, pois são apenas "conselhos de sabedoria" que Satanás lança em nossas mentes, mas que, na verdade, são grandes mentiras. Pensamentos como esses podem parecer bastante oportunos, mas só causam afastamento entre nós e Deus, provocando, então, um distanciamento entre a Noiva e o Noivo.

Entretanto, eu acredito que chegou a hora de não concordarmos mais com essas mentiras – você pode tê-las aceitado antes, mas é preciso se posicionar para jogá-las no lixo e renovar a sua mente. Pois a verdade é que Deus ama ouvir a nossa voz, seja nos momentos em que, enquanto filhos arrependidos, confessamos pecados e tentações, ou quando exaltamos e adoramos o Seu nome.

Esses são alguns versículos que me ajudaram, e ainda me ajudam, a quebrar essas mentiras e a renovar a minha mente:

> Pedi, e vos será concedido; buscai, e encontrareis; batei, e a porta será aberta para vós. (Mateus 7.7)

> Se vós pedirdes algo em meu Nome, Eu o farei. (João 14.14)

Invoca-me e te responderei, e te revelarei conhecimentos grandiosos e inacessíveis, que não sabes. (Jeremias 33.3)

Não fostes vós que me escolhestes; ao contrário, Eu vos escolhi a vós e vos designei para irdes e dardes fruto, e fruto que permaneça. Sendo assim, seja o que for que pedirdes ao Pai em meu Nome, Ele o concederá a vós. (João 15.16)

Não vos sobreveio tentação que não fosse comum aos seres humanos. Mas Deus é fiel e não permitirá que sejais tentados além do que podeis resistir. Pelo contrário, juntamente com a tentação, proverá um livramento para que a possais suportar [...]. (1 Coríntios 10.13)

Sendo assim, humilhai-vos sob a poderosa mão de Deus, para que Ele vos exalte no tempo certo, lançando sobre Ele toda a vossa ansiedade, porque Ele tem cuidado de vós! (1 Pedro 5.6-7)

Conservai permanentemente a vossa alegria! Orai constantemente. Dai graças em toda e qualquer circunstância, porquanto essa é a vontade de Deus em Cristo Jesus para convosco. (1 Tessalonicenses 5.16-18)

Em verdade, sem fé é impossível agradar a Deus; portanto, para qualquer pessoa que dele se aproxima é indispensável crer que Ele é real e que recompensa todos quantos se consagram a Ele. (Hebreus 11.6)

# ORAÇÃO NÃO É UM PEDIDO DE *DRIVE-THRU*

Infelizmente é comum acreditarmos que a oração não é uma prática interessante, chegamos até a classificá-la como cansativa e chata. Sei que isso pode soar absurdo, mas talvez essa mentira esteja nos impedindo de avançar em intimidade com Deus. Eu mesmo acreditei nisso por muito tempo, justamente por não entender que oração não é sobre apresentar uma lista de pedidos a Deus, como se faria a um gênio da lâmpada, ou como se solicita algo no *drive-thru* de alguma lanchonete. O que eu acabei de relatar pode parecer óbvio, contudo muitas pessoas resumem suas orações realmente a uma simples lista de pedidos como a uma passagem pelo *drive-thru*: solicitam alguma bênção, realizam o "pagamento" – pedindo perdão pelos pecados – e aguardam até que seu pedido fique pronto. Na verdade, alguns acabam não conseguindo nem esperar pela "entrega", porque já caíram no sono.

Existem, também, aqueles que valorizam tão pouco o momento de oração que, em vez de priorizar sua prática durante o dia, acabam deixando-o para os últimos minutos, antes de dormir, quando já estão com tanto sono que se embaralham completamente ao orar, dizendo coisas, como: "Deus, abençoe meus pecados; perdoe o Satanás; me dê mães limpas e um coração puro". Estão tomados pelo cansaço com tanta intensidade que suas palavras não fazem sentido algum. O problema é que isso tem gerado uma conta bastante cara para a Igreja – por não compreendermos que existem outros níveis de oração, além desses "*drive-thrus*", ficamos estagnados e permanecemos em um grau raso demais, que nos leva ao tédio e, consequentemente, à indiferença e inconstância em relação à oração.

"Orar é chato, monótono e eu não tenho paciência para isso", foi exatamente assim que abri uma conversa com meu líder em certa ocasião. Nós tínhamos o costume semanal de nos encontrarmos para conversar e tomar um café, dessa forma ele me discipulava e me ajudava a solucionar as crises que enfrentei nos primeiros anos da minha conversão. Ainda consigo me lembrar de sua reação quando lancei aquela constatação diante dele. Acho que a palavra que melhor poderia representar seu olhar seria desespero. Meu discipulador naquela época era André Tanaka. Ele atendia diariamente – em dois ou mais consultórios – como dentista, liderava nosso ministério de jovens, ministrava aulas em uma escola bíblica e ainda conseguia reservar um tempo para ouvir as minhas brilhantes conclusões. Dou glórias a Deus por líderes pacientes que não desistem de nós, mesmo quando dificultamos o processo.

Depois de dizer essas coisas para o André, ele me surpreendeu com a melhor reação possível: pacientemente, dispôs-se a entender o motivo que me fez chegar à conclusão de que orar era algo entediante.

Porém, ao final de nossa conversa, ele me desafiou: "E se, por um tempo, você deixasse de pedir as coisas para Deus?". Lembro-me que, naquele momento, eu não entendi muito bem o propósito daquele desafio. Mas, aos poucos, ele me explicou diferentes formas de me relacionar com Deus e desfrutar dos momentos de oração. Foi nesse contexto que fiz meu primeiro "jejum de petições", algo que mudou completamente minha perspectiva sobre a oração.

Portanto, desafio você a fazer o mesmo: por um determinado período, não peça nada para Deus. Absolutamente nada. Talvez por uma semana inteira, ou de acordo com o período que você decidir, todas as suas orações devem ser apenas de agradecimento, contemplação ou adoração a Deus, sem qualquer pedido. Explicarei cada uma delas mais a fundo nos próximos parágrafos.

Em orações de agradecimento, como o próprio nome já diz, expressamos nossa gratidão a Deus. Elas são como uma chave para entrarmos na presença do Pai, é exatamente sobre isso que o salmista nos orienta: "Entrai por suas portas com ações de graças e em seus átrios com hinos de adoração; exaltai-o e bendizei o seu Nome!" (Salmos 100.4).

Sendo assim, agradecemos a Deus por quem Ele é, por tudo o que Ele tem feito, por Suas promessas e por qualquer outra coisa particular que quisermos. Quando voltamos nossos olhos e total atenção para o Senhor, torna-se fácil encontrar razões para agradecer. Além disso, a oração de gratidão é algo realmente viciante, quando você começa a fazê-la é difícil parar. Contudo, não é tão simples quanto parece. Acontece que existe um erro muito comum, praticado especialmente em rodas de oração, em que a pessoa que está direcionando o encontro orienta o grupo a apenas agradecer no início, porém logo os guia a começar seus pedidos, como se o agradecimento fosse um "quebra-gelo" na oração. No entanto, a verdade é que essa é uma expressão poderosa de valorização ao nosso Deus. Experimente agradecer mais em seu dia a dia. É transformador.

Existem, também, as orações de contemplação, e essas são as minhas favoritas. Nelas, admiramos quem é Deus, sua essência e seus feitos. Praticar isso é algo extremamente poderoso, já que estamos enviando um aviso para nossa própria alma e também para o inferno, afirmando que nosso Deus tem todo o poder e que nada é impossível para Ele. Nessas orações, os nossos corações se orgulham e nossos espíritos são cheios de força, pois estamos declarando a Sua grandeza. É impossível permanecermos iguais depois de afirmar verdades como essas:

> Levantai os olhos e observai as alturas: Quem criou tudo isso? Foi aquele que coloca em marcha cada estrela do seu incontável exército celestial, e a todas chama pelo nome. O seu poder é incalculável; inextinguível a sua força, e, por isso,

nenhum desses corpos celestes deixa de atender prontamente. Por que, pois, reclamas, ó Jacó, e por que te queixas, ó Israel: "O Eterno não se interessa pela minha situação; o meu Deus não considera a minha causa"? Não sabes, não ouviste que o Eterno, *Yahweh*, o SENHOR, o Criador de toda a terra, não se cansa nem fica exausto? Sua sabedoria é insondável, seu conhecimento incompreensível. Faz forte ao cansado e multiplica o vigor dos que estão fatigados! (Isaías 40.26-29)

Então o mistério foi revelado a Daniel durante a noite, por meio de uma visão. Daniel louvou o Deus dos céus, dizendo em aramaico: "Seja bendito *Elah*! O nome de Deus para todo o sempre, porque a sabedoria e a força a Ele pertencem! Ele muda as épocas e as estações; destrona reis e os estabelece. Dá sabedoria aos verdadeiros sábios e entendimento aos que buscam discernir e conhecer. Revela mistérios profundos e enigmas ocultos; conhece o que jaz nas trevas, e a luz habita nele em todo o seu esplendor. Eu te agradeço e te louvo, ó *Elah*, Deus dos meus pais, tu me concedeste sabedoria e poder, e me revelaste o que te pedimos, revelaste-nos o preocupante sonho do rei!". (Daniel 2.19-23)

E eles cantavam um cântico novo: "Tu és digno de tomar o livro e de abrir seus selos, porque foste morto, e com o teu sangue compraste para Deus homens de toda tribo, língua, povo e nação. Tu os constituíste reino e sacerdotes para o nosso Deus; e assim reinarão sobre a terra". Então reparei e também ouvi a voz de grande multidão de anjos ao redor do trono e dos seres viventes e dos anciãos, cujo número era de milhares de milhares e de milhões de milhões. Eles proclamavam em alta voz: "Digno é o Cordeiro, que foi morto, de receber a plenitude do poder, riqueza, sabedoria, força, honra, glória e louvor!". Em seguida, ouvi todas as criaturas existentes no céu, na terra, debaixo da terra e no mar, e tudo o que neles há, que exclamavam: "Ao que está assentado no trono e ao Cordeiro sejam o louvor, a honra, a glória e o domínio pelos séculos dos séculos!". E os quatro seres viventes bradavam: "Amém!", e os anciãos igualmente prostraram-se e o adoraram. (Apocalipse 5.9-14)

Se você tomar um tempo para ler e orar à luz desses versículos, com certeza seu dia tomará um rumo totalmente diferente do que seria antes de lê--los. Logo, esse é um dos métodos mais eficazes para contemplarmos o Senhor, isto é, meditando em Sua Palavra. Portanto, eu encorajo você a ler o trecho de Apocalipse 5 destacado acima. Após isso, feche seus olhos para imaginar os Céus na cena descrita. Ao mesmo tempo, contemple a magnitude de Deus diante do que você pode ver. O nosso Deus é grande, e ainda assim se importa em ouvir nossa voz.

Já as orações de adoração são aquelas em que nos entregamos e submetemos totalmente a Deus. Afinal, adorá-lO não se resume a apenas entoar uma canção ou levantar os braços. No grego, a palavra traduzida como adoração é *proskuneo*, que significa "prostrar-se" ou também "beijar a mão ou a face de alguém superior". Adoramos ao Senhor quando Lhe entregamos tudo e nos rendemos por completo a ponto de chegarmos a beijar Seu rosto, reconhecendo quem Ele é, e interagindo com essa revelação. Aqui vão alguns exemplos:

> [...] Ó Eterno, Tu és o meu Deus e a Ti eu busco dia e noite; a minha alma tem sede de Ti! Todo o meu ser anela pelo refrigério da tua presença numa terra árida, exausta e sem água. (Salmos 63.1)

> Não há ninguém Santo como o SENHOR; não existe outro além de ti; não há Rocha alguma como o nosso Deus. (1 Samuel 2.2)

> E estando Jesus em Betânia, reclinado à mesa na casa de certo homem conhecido como Pedro, o leproso, achegou-se dele uma mulher portando um frasco de alabastro contendo valioso perfume, feito de nardo puro; e, quebrando o alabastro, derramou todo o bálsamo sobre a cabeça de Jesus. (Marcos 14.3)

Com esse arsenal de palavras e afirmações, como alguém poderia achar que orar é algo tedioso ou monótono? Se não pudéssemos pedir mais nada para Deus, ou até mesmo guerrear por propósito algum, ainda assim teríamos muitíssimas coisas para falar e declarar diante d'Ele. De qualquer forma, teríamos muitas ferramentas e uma longa jornada para lembrar nossa alma de quem é nosso Deus e, assim, nos posicionar para o avanço do Reino do Senhor na Terra.

Fazer esse "jejum de petições" abriu meus olhos para que eu notasse a realidade espiritual ao meu redor, e também honrasse a grandeza de Deus. Dessa forma, encorajo você a dar início a esse jejum hoje e continuá-lo por uma semana – que da sua boca não saia nenhuma palavra de reclamação ou murmuração, muito menos uma lista de pedidos. Embora seja bíblico pedir e clamar, experimente reservar um período para trazer apenas gratidão, contemplação e adoração ao Senhor.

## ORAÇÃO E INTERCESSÃO NÃO SÃO A MESMA COISA

Definitivamente, entender a diferença entre orar e interceder foi crucial para mim e trouxe um novo ânimo para o meu tempo de conversa com Deus. É por meio desse entendimento que podemos, de fato, experimentar o poder da oração, colocar em prática o que recebemos do Senhor e nos desenvolver com Ele no lugar secreto. Acredite, uma vez que você entende a real definição de intercessão, sua perspectiva sobre oração é completamente renovada. Assim, o tédio ou desinteresse que, talvez, estejam te rondando vão embora.

Em hebraico, a palavra traduzida para o português como intercessão é *paga*, que significa "encontrar" ou "promover encontros". É justamente esse o termo usado em Gênesis 32.1: "E foi também Jacó o seu caminho, e **encontraram-no** os anjos de Deus" (ARC – grifo do autor). É curioso o fato de que a palavra hebraica para intercessão carregue um caráter ativo, que não representa somente um encontro, mas também a ação de encontrar. Portanto, interceder representa um chamado para promovermos esses encontros entre a cruz de Jesus e a humanidade; sendo que a oração é um dos meios para que eles sejam cumpridos.

No entanto, é importante ressaltar que, para mergulharmos nesse novo entendimento, é necessário abrir mão do que o "senso comum evangélico" diz. Assim, iremos nos ater estritamente ao que a Palavra nos ensina. Não existe outro intercessor maior do que Jesus (cf. Romanos 8.34) e não existe obra intercessória mais poderosa do que a Sua morte na cruz. É através disso que somos reconciliados com Deus, pois ninguém vai ao Pai senão por Cristo (cf. João 14.6). Logo, entendemos que tudo foi consumado na cruz. Agora, nós fomos chamados para ir por todo o mundo e estendermos a obra reconciliadora de Cristo para aqueles que ainda não foram alcançados (cf. 2 Coríntios 5.18-19).

Portanto, a minha oração se torna uma intercessão quando deixa de ser somente entre mim e Deus, e passa a envolver outras pessoas, ou até mesmo, cidades, nações, empresas e igrejas. É basicamente ter em um lado a plena revelação da obra de Jesus na cruz – assim como o que ela nos possibilita – e no outro um alvo, ou seja, alguém que precisa conhecer essa verdade. A intercessão seria a junção desses dois lados e a construção de um caminho para que, através do poder obtido na cruz, o alvo escolhido possa ser transformado.

Mas não cometa o erro de pensar que o sacrifício de Cristo nos dá acesso somente à salvação. Nós a alcançamos, sim, ao reconhecer, crer e confessar Jesus, mas esse não é o ponto-final, e sim apenas o começo de uma jornada gloriosa. A intercessão é o ponto de partida, assim como também é a combustão que mantém "o carro" se movendo em alta velocidade rumo ao seu destino. É ela que garante o sustento e o romper de novos horizontes espirituais, da mesma maneira que assegura o envio de cada cristão para viver o seu propósito e chamado em Cristo.

Tendo isso em mente, gosto sempre de reforçar: orar é uma forma de interceder. Se a nossa intercessão tem como fim promover um encontro entre a cruz de Jesus e as pessoas, por exemplo, ela pode (e deve) ser feita através da oração. Mas ela também pode ser feita através de um abraço, um conselho, talvez até um gesto generoso, uma palavra de conhecimento ou profecia.

Verdadeiros intercessores não se satisfazem com cartilhas prontas, também não se encaixam em padrões. Eles ficam inquietos até receberem uma direção de Deus orientando como, quando e qual o alvo de sua intercessão. Para cada uma dessas situações eles adotam esse mesmo processo.

Falaremos mais sobre a prática da intercessão nos próximos capítulos. Mas, por hora, o fundamental é que você entenda a importância de sair da zona conforto quando o assunto em questão envolve oração e intercessão. Eu te convido a descobrir uma região nova, completamente desconhecida e entregue ao Senhor, é ali que a vontade do Pai determina cada alvo de intercessão e nos ensina como realizar essa prática. É assim, nesse lugar desconfortável, que precisamos dizer sim para uma jornada que pode transformar todo o mundo através do nosso momento de oração em secreto.

## CAPÍTULO TRÊS

# A VIDA É UMA ESCOLHA

### PRA. EZENETE RODRIGUES

> Antes de formá-lo no ventre eu o escolhi; antes de você nascer, eu o separei e o designei profeta às nações.
> (Jeremias 1.5 – NVI)

Minha vida é fruto de intercessão. Digo isso totalmente convicta, pois sou prova de que ela transforma a nossa história, fortalece-nos para que sejamos quem o Pai planejou que fôssemos e gera vida em nós. E é justamente isso que abordarei neste capítulo.

Tudo começou quando eu ainda era criança. Nasci em um lar evangélico e sou filha de pastores. Na época, fazíamos parte de uma comunidade local bastante tradicional. No entanto, embora tenha frequentado a igreja desde pequena, costumo dizer que "filho de peixe peixinho é, mas filho de crente não é crentinho". Em outras palavras, não é porque meus pais tinham uma vida de relacionamento com Deus que eu também cultivava isso.

Para exemplificar melhor o que quero dizer, vou contar um pouco da minha história. Meus pais tinham a prática de levar a mim e aos meus irmãos, todo domingo, às cinco horas da manhã, para o culto. Isso era muito difícil para nós, pois não entendíamos muito bem qual era o propósito daquilo. Mas, independentemente da nossa indisposição, nos mantínhamos em obediência. Como ainda éramos pequenos, costumávamos dormir no banco da igreja até a oração se encerrar. Inclusive, lembro-me vividamente de, nesses dias, meu pai me acordar após a reunião para voltarmos à nossa casa. Parecia que nada fazia sentido, mas hoje sabemos que o fato de estarmos ali, mesmo que acordados apenas por um breve momento, fez com que uma semente fosse plantada em nossos corações.

Dessa maneira, cresci frequentando a igreja com meus pais e participando das programações de nossa comunidade local. Contudo, ainda não entendia muitas coisas e não havia, verdadeiramente, aceitado a Jesus como meu Senhor e Salvador.

Porém, aos catorze anos de idade, recebi a revelação acerca da necessidade de fazer a minha entrega a Cristo e confessar o Seu nome. Isso aconteceu quando tive uma experiência na qual me senti apavorada. Era uma quarta-feira e, como de costume, à noite haveria culto em nossa igreja. Mas, como eu não queria ir, disse aos meus pais que estava com uma dor de cabeça muito forte. Porém, a verdade é que uma das minhas amigas da escola havia me emprestado uma revista para ler, e já que eu teria de lhe devolver no dia seguinte, se eu fosse para a reunião na igreja, não conseguiria terminar a leitura a tempo. Logo, disse que estava mal para ficar em casa.

Eu morava em uma casa muito grande, e, normalmente, não via problema em passar a noite sozinha. Mas, subitamente ouvi um barulho do lado de fora e, na mesma hora, notei que alguma coisa estava se mexendo nas janelas. Fiquei apavorada de imediato, até porque foi inevitável pensar que poderia haver um ladrão tentando entrar em nossa casa. Foi quando saí correndo em direção ao quarto dos meus pais, pensando comigo mesma: "Deus me guardará lá!". No entanto, mesmo ali, eu ainda podia ouvir aquele som, como se estivesse me seguindo. Então, ajoelhei-me e orei ao Senhor, prometendo que, se Ele me livrasse de todo mal e nada me acontecesse, eu Lhe entregaria minha vida para sempre.

Após fazer a oração, o barulho cessou, e assim que o susto havia passado, percebi como havia sido um enorme erro ter mentido para a minha mãe e meu pai. Dessa forma, sem pensar duas vezes, ali mesmo me entreguei a Jesus e O recebi como meu Senhor e Salvador. Na hora em que meus pais chegaram em casa, eu me apressei para lhes contar o que havia acontecido comigo e pedir perdão por ter mentido.

Contudo, o meu "sim" para Cristo foi apenas o começo de uma jornada infinita de descobertas a respeito d'Ele. Nesse contexto, eu me recordo bem de uma menina que me ajudou muito no início da minha caminhada de busca pelo Senhor. Frequentávamos a mesma escola, e ela sempre me chamava à atenção, pois também era cristã, mas tinha alguns costumes diferentes dos meus. Certa vez, observei que, enquanto todas as crianças brincavam no parque, pulavam amarelinha e corriam, ela ficava lendo um pedacinho de papel. Até que um dia, tomei coragem e lhe perguntei por que ela não brincava com a gente. Curiosamente, a menina explicou que estava memorizando um versículo da Bíblia, e contou que toda semana sua avó promovia um encontro com vários adolescentes no parque, e premiava a cada um que decorasse um verso bíblico, para incentivá-los a ler e guardar a Palavra.

Após isso, passamos a conversar bastante, e ela me contava coisas incríveis sobre Jesus. Até que, um dia, minha nova amiga me levou para esse encontro no parque. Isso aconteceu há muito tempo, mas ainda me lembro como se fosse hoje: o tema tratado naquela reunião foi a ressurreição de Lázaro, e fomos convidados a pensar acerca do que precisava ser ressuscitado em nossas vidas. Depois daquela palavra, começamos a orar e nos ajoelhamos. Foi nesse momento que muitos começaram a chorar na presença do Senhor. O interessante é que as pessoas choravam tanto que eu cheguei a pensar que estavam tristes, e que só eu estava feliz. Entretanto, minha amiga explicou que não se tratava de tristeza, e sim de gratidão. Quando estamos na presença de Jesus e entendemos o que Ele fez na cruz do Calvário, somos levados ao quebrantamento, a nos derramarmos diante d'Ele.

Em seguida, todos se levantaram, ergueram as mãos, e a avó da minha amiga ministrou sobre nós, dizendo: "Sejam cheios do Poder". Na mesma hora, todos começaram a falar em línguas, e eu fiquei completamente perdida, sem saber o que fazer. "Que coisa mais maluca é essa?!", pensei. Na época, eu frequentava uma igreja batista tradicional, e não estava acostumada com nenhuma dessas práticas, nem mesmo com os louvores que haviam sido cantados ali. Porém, após o encontro no parque, entendi que existia algo além de tudo quanto já tinha experimentado.

Ao fim da reunião, eu e minha amiga conversamos e lhe perguntei onde eles tinham aprendido a falar inglês tão bem. Ela riu e me contou que, na verdade, não estavam falando em outro idioma terreno, mas em línguas celestiais, assim como os anjos. Confesso que fiquei confusa com isso, até ela me explicar melhor a respeito do dom de línguas e muitas outras coisas. Pouco depois, a avó dela também conversou comigo, e me aconselhou sobre a importância de que eu tivesse minhas próprias experiências com Deus e trabalhasse em construir uma história com Ele.

Quando cheguei em casa, contei ao meu pai sobre o que havia acontecido no parque, e o questionei:

"Como eu posso ter experiências com Deus?". Ele, como homem de oração que era, instruiu-me de acordo com a sua visão sobre o assunto. Lembro-me perfeitamente de ele me dizer que tudo o que eu queria poderia colocar nas mãos do Senhor. Então, abriu a Bíblia em Mateus 6.33, que diz: "Mas, buscai primeiro o reino de Deus, e a sua justiça, e todas estas coisas vos serão acrescentadas" (ACF).

Foi assim que, por volta dos meus catorze anos de idade, um enorme desejo de conhecer melhor a Deus e entender Seu coração começou a ser despertado em mim; além de um anseio por descobrir o Seu propósito para minha vida. Isso me motivou tanto que iniciei um compromisso diante do Senhor: ler o livro de Salmos todos os meses e cantar louvores a Ele todos os dias. Isso fez toda a diferença em minha jornada de busca e conhecimento acerca de Deus, pois, a cada dia que passava, eu entendia melhor o valor de me relacionar intimamente com Jesus.

Todavia, assim que tomei a decisão de me posicionar em um relacionamento profundo com Cristo, algo muito interessante aconteceu comigo: já não conseguia mais ler a Palavra sentada, somente de joelhos. Então, enquanto lia o livro de Salmos ajoelhada, não conseguia parar de chorar. Lembro também que, de todos os salmos, o oitenta e seis foi o mais marcante para mim. Eu não entendia o porquê, mas sempre terminava essa leitura com lágrimas nos olhos, orando e clamando a Deus. Hoje, percebo que Ele já me preparava para ser uma intercessora, e estava ampliando o meu entendimento sobre o assunto. Tudo isso foi fundamental para fortalecer o meu relacionamento com Deus. Por isso, quero compartilhar alguns versículos de Salmos 86 com você, mas eu o incentivo a ler essa passagem completa na Bíblia:

> Inclina os teus ouvidos, ó Senhor, e responde-me, pois sou pobre e necessitado. (Salmos 86.1 – NVI)

> Alegra o coração do teu servo, pois a ti, Senhor, elevo a minha alma. (Salmos 86.4 – NVI)

> Escuta a minha oração, Senhor; atenta para a minha súplica! No dia da minha angústia clamarei a ti, pois tu me responderás. Nenhum dos deuses é comparável a ti, Senhor, nenhum deles pode fazer o que tu fazes. (Salmos 86.6-8 – NVI)

> Ensina-me o teu caminho, Senhor, para que eu ande na tua verdade; dá-me um coração inteiramente fiel, para que eu tema o teu nome. De todo o meu coração te louvarei, Senhor, meu Deus; glorificarei o teu nome para sempre. Pois grande é o teu amor para comigo; tu me livraste das profundezas do Sheol. (Salmos 86.11-13 – NVI)

Essas leituras foram fundamentais para que eu pudesse desenvolver minha intimidade com o Senhor e conhecer Seu coração. Mas foi quando atingi meus dezesseis anos que, nessa intensa busca, algo totalmente inusitado me aconteceu. Fui atingida por uma enfermidade que me causou muitas dores, gerou barreiras profundas em mim e me deixou cheia de perguntas sem respostas. Além disso, não conseguia entender o motivo pelo qual me encontrava naquela situação, e sentia que Deus parecia não me ouvir ou responder. Mas, hoje, digo com convicção que todos os desertos que vivemos produzem alegria, vida, plenitude e discernimento para desfrutarmos da graça do Senhor.

Tudo isso teve seu início com uma forte gripe e, quinze dias depois, eu estava dentro de um hospital com uma anemia intensa e febre altíssima. Após um exame de videolaparoscopia, fui diagnosticada com colite. Ou seja, os meus intestinos grudaram-se uns aos outros e formaram uma aderência, o que me causava dores terríveis. Logo após essa constatação, fui informada de que necessitaria de uma intervenção cirúrgica muito complicada. Os médicos conversaram com meus pais e disseram que eram pequenas as chances de eu sair viva dessa operação. Somente um milagre poderia restaurar a minha vida.

Nessa época, morávamos em Montes Claros, Minas Gerais. Contudo, por conta da anemia que me acometia, os doutores da cidade, que estavam me tratando, disseram que não poderiam realizar a cirurgia. Em razão disso, eles sugeriram para meus pais que me transferissem para São Paulo, a fim de iniciar um tratamento especializado, pois lá encontraríamos mais recursos médicos. Então, assim que receberam essa informação, meu pai e minha mãe resolveram ter uma conversa comigo e saber qual era minha opinião acerca dessa decisão. E, embora eu já estivesse sem esperança, pensando que não havia mais chances de viver, aceitei a mudança.

Sendo assim, fui para São Paulo, onde passei a morar com os meus tios. O interessante nisso é que foi exatamente nesse período – quando toda a minha família era tradicional – que o movimento de renovação da Igreja alcançou o Brasil. De modo que, ao chegar lá, eu os encontrei experimentando o mover do Espírito Santo em suas vidas. A partir dali, começaram a ministrar sobre mim a nova experiência que estavam vivendo com o Senhor.

Nesse meio tempo, descobri mais uma coisa que complicou bastante a minha saúde: alergia à proteína do leite e à clara de ovo. Como não sabíamos disso, eu ingeria com frequência iogurtes, vitamina de frutas, e diversos alimentos que me faziam muito mal. Por esse motivo, a inflamação em meu corpo só piorava, chegando a atingir meus pulmões. Na realidade, todo meu organismo foi afetado. Ao longo desse processo, além de todo o sofrimento, também passei por três comas, o que me fez começar a questionar ao Senhor o motivo de tudo aquilo. Apesar disso, em momento algum perdi a vontade de viver ou pedi pela morte.

No entanto, os comas sofridos deixaram algumas sequelas que me faziam desmaiar repentinamente; a ponto de minha tia – que se tornou como uma mãe para mim – não poder me deixar sozinha, pois havia um grande risco de, a qualquer momento, eu cair e me machucar. Nessa fase, o meu estado de saúde era bastante ruim. Eu estava supermagra, pesando cerca de trinta e oito quilos, uma boa parte do meu cabelo havia caído e eu não conseguia andar sozinha.

Durante esse período, enfrentando tantas enfermidades, comecei a sentir dores na perna direita, o que fez com que ela, tempos mais tarde, secasse por completo e encurtasse. Os médicos suspeitaram de uma paralisia infantil, mas nada foi comprovado. Também me disseram que eu poderia ficar com os movimentos das pernas comprometidos e dependeria de muletas para o resto da vida. Hoje em dia, pela graça e bondade de Deus, elas têm o mesmo tamanho, porém essa perna não obedece mais aos comandos que meu cérebro dá para se locomover, mesmo depois de anos de fisioterapia. Mas, mais uma vez sem qualquer tipo de explicação, a não ser por um milagre, eu consigo andar normalmente. Também sou capaz de permanecer de pé por horas e dirigir sem problema algum. Inclusive, durante o tempo que vivi em São Paulo, guiei carros tranquilamente, sem precisar de veículos adaptados. Acredito que essa seja uma marca que ficou em meu corpo como um sinal para eu nunca me esquecer do que Deus fez em mim. Minha vida é, com toda certeza, um milagre.

Por outro lado, antes de ser completamente curada pelo Senhor, lembro-me bem de que, certa vez, em uma tarde fria de São Paulo, uma irmã veio me visitar, a pedido da minha tia, para me levar à costureira. Até hoje me recordo do pano rosa listrado que ela trouxe, era muito lindo. Mas, como estive à beira da morte por um longo tempo, havia uma ferida tão grande em minha alma que cheguei a pensar que aquele vestido estava sendo feito para o meu funeral. Fiquei desesperada. Só que, na realidade, ele era simplesmente um presente para que eu usasse no Natal.

Como eu não sabia, quando aquela senhora chegou, ela me encontrou sentada na sala, encolhida no sofá e perguntou: "Por que você está tão triste?". Olhando para ela, sem pensar duas vezes, respondi: "Porque Deus me castigou!". Assustada, ela perguntou o motivo para eu acreditar naquilo. Então, contei-lhe que, uma vez, meus antigos líderes disseram que o Senhor estava me castigando por negar a fé de meus pais. Isso aconteceu porque eu pedia para ser batizada no Espírito Santo.

Como ainda não conseguia discernir totalmente o que me diziam, pensava que aquilo era verdade e que Deus estava verdadeiramente me punindo. Assim que terminei de falar, ela começou a orar por mim e quebrou a mentira que estava em minha mente. Pela primeira vez, recebi uma profecia e o Senhor falou comigo através daquela mulher. Uma das palavras proferidas que mais me marcou foi que Ele me chamava de filha amada e que eu era a menina dos olhos do Pai. Ela também me disse que mesmo passando pelo vale da sombra da morte, Ele estaria comigo e me levantaria. Declarou cura sobre a minha vida e que nações e povos conheceriam o poder do Senhor através de mim.

Três dias depois dessa ocasião, fui levada novamente ao hospital. No caminho para lá, eu entrei em estado de coma mais uma vez. Ao chegarmos no hospital, meus tios foram informados de que tudo em meu corpo estava paralisando, o que significava que em questão de horas eu iria a óbito. "Vocês já podem preparar o velório", eles disseram. Dessa maneira, todo o meu corpo parou de funcionar e somente meu coração continuava pulsando.

Assim que os médicos compartilharam a gravidade do meu estado de saúde com minha família, eles iniciaram um clamor aos pés do Senhor, intercedendo por mim. Meu pai fez uma oração entregando toda minha vida a Deus, dizendo que estava Lhe devolvendo a primogênita que, um dia, Ele havia presenteado à nossa família. Ele não podia mais suportar o sofrimento que eu vivia, por isso decidiu confiar completamente a minha vida nas mãos do Pai. Em sua oração, ele disse que se Deus quisesse me dar vida e me ressuscitar, cumprir Seus planos através de mim, levando-me para onde desejasse, eles se alegrariam muitíssimo, mas sabiam que, independentemente do que acontecesse, o Senhor sabia o que era melhor para mim.

Naquela noite, enquanto meus familiares clamavam por minha vida, algo completamente sobrenatural aconteceu. Ainda em coma, eu tive uma visão, na qual uma grande mão tocava as minhas costas e o meu peito, enquanto uma voz dizia: "Eu Sou a vida, Eu dou vida a você". Na mesma hora, comecei a gritar e pedir por água. Dessa forma, finalmente o período de coma havia terminado. Ali, experimentei o primeiro de muitos milagres em minha vida.

Ao todo, essa enfermidade durou quase quatro anos. Após alguns meses de intensos exames, os médicos se reuniram com meus pais, reconhecendo que um verdadeiro milagre havia acontecido, já que nenhum dos meus órgãos tinha aderência alguma. Os exames comprovaram que os meus pulmões estavam limpos e a falta de oxigenação no cérebro não deixou sequelas graves. Porém, alguns processos de recuperação foram necessários após esse período de internação. Primeiramente, precisei perder o medo que tinha de andar, tudo por conta dos constantes desmaios que eu tinha após o segundo coma. Isso sem contar o acompanhamento fonoaudiológico, pois, por conta da falta de ar, não conseguia falar. Disseram-me também que engravidar estava fora de cogitação, mas Jesus restaurou totalmente o meu corpo e, passados alguns anos, pude dar à luz um filho.

Mas os milagres e transformações não pararam por aí, foi após esse período no hospital, quando cheguei em casa, que o Senhor começou o processo de restauração em minha alma. Nesse tempo, passei a ter momentos de gratidão com a minha família, o que me levou a um profundo lugar onde experimentei da imensidão do amor do Pai.

Porém, a fim de que todas essas coisas acontecessem em minha vida, desde minha cura até toda a restauração em meu corpo e alma, o Senhor enviou uma intercessora para trazer Suas palavras sobre mim. Aquela mulher, que se posicionou para ouvir a voz de Deus e me dizer o que Ele pensava a meu respeito e sobre o meu futuro, fez total diferença em minha vida. Ela se colocou como um instrumento nas mãos d'Ele, a fim de manifestar Sua verdade e vontade na Terra.

Sou grata ao Pai porque, um dia, alguém me enxergou e acreditou que havia um propósito divino para a minha existência, orou por mim, ensinou-me acerca de verdades eternas, declarou palavras do Senhor sobre mim, investiu tempo e dedicou-se a interceder em meu favor. É por isso que hoje eu posso testemunhar sobre os milagres que tenho vivido, assim como as batalhas que enfrento — até porque vitórias só são comemoradas onde existem batalhas. Ao olhar para tudo o que aconteceu ao longo dos meus dias, fica evidente quão essenciais foram as orações, as palavras de vida declaradas, e as profecias liberadas sobre mim.

Foi enquanto eu ainda estava hospitalizada que, através de uma intercessora, recebi uma palavra do Senhor, em que Ele dizia que as nações iriam me conhecer, não somente por conta da minha presença em cada uma delas, mas pelas orações que eu faria, dos meus joelhos dobrados em favor de diversos países. Hoje, eu sou completamente apaixonada por nossa nação, e não abro mão dela, o que significa que meu coração queima por cada brasileiro, cada filho e filha de Deus que habita neste lugar. Além disso, Deus tem me dado a honra e oportunidade de levá-lO por vários lugares ao redor do mundo. E, por conta desse amor que Ele colocou em mim, tenho motivação para não parar de lutar pelas pessoas, levando a Palavra, estendendo a mão e sempre declarando as verdades celestiais. Mas também sei que, mesmo se eu me cansar e parar, a intercessão nunca acabará. Essa geração receberá uma porção dobrada daquilo que me foi dado ao longo destes anos, e, assim, a nossa terra será curada e restaurada. Vocês, jovens, alcançarão um nível mais profundo, com uma unção mais intensa do que eu pude alcançar, porque o nosso Deus opera de glória em glória.

Por outro lado, para que isso aconteça, é necessário desenvolver um estilo de vida de oração e intercessão. Isso não diz respeito, simplesmente, a saber orar bem, usando palavras bem elaboradas, ou interceder com falas eloquentes, mas a estar em comunhão com Deus. Ele nos revela uma visão ampla, uma perspectiva do

Céu acerca de nossas vidas, das pessoas, cidades e nações. Mas, sobretudo, o que é mais importante para nós, intercessores, é entender o valor que existe em viver de acordo com a nossa real identidade: filhos e filhas amadas do Pai celestial.

Portanto, para vivermos de acordo com essa verdade, é essencial nos voltarmos a Jesus, o Filho. Assim como Ele passava tempo em oração com o Pai, escutando cada direção para Sua vida, entendendo Seu propósito, nós também precisamos adotar esse estilo de vida, de forma que tudo quanto fizermos venha diretamente d'Ele. Em Sua presença somos preparados, recebemos as ferramentas necessárias para realizar os Seus planos para nós, temos a visão alargada e somos capazes de discernir a hora e a maneira certa de agir.

Um filho de Deus vive por propósito, não por oportunidade ou necessidade. Ele escolhe escutar do Pai quais são os planos d'Ele para sua vida e caminha de acordo com as Suas palavras. Jesus nos deu esse exemplo, em Seus dias na Terra, vivendo como homem. Ele foi fiel em cumprir o destino que Lhe estava proposto. Cristo tinha convicção acerca do que deveria fazer porque investia tempo em oração com o Pai. Por esse mesmo motivo, conhecia a bondade e a fidelidade de Deus.

Considerando essas coisas, quero lhe fazer duas perguntas: qual o propósito para o qual você nasceu? Já parou para pensar nisso?

Em meio a milhões de embriões, Ele escolheu você. Consegue ouvir o Pai dizer a seu respeito: este é o meu filho(a) que será um(a) grande intercessor(a), e fará diferença significativa nesta geração? Satanás sempre tenta destruir e matar os sonhos de Deus para as nossas vidas, mas você nasceu para um propósito, e pode escolher ser um grande intercessor para glorificar o nome do Senhor.

Minha família orou por mim em todo o tempo, para que eu aprendesse a confiar totalmente em Deus. A partir disso, minha busca por Sua presença ficou mais intensa, e, com a ajuda de alguns intercessores que me acompanhavam, passei a entender o texto de 2 Crônicas 7.14 – que diz respeito ao quebrantamento como estilo de vida, algo essencial para qualquer intercessor e discípulo de Cristo. Assim, entregue aos caminhos do Senhor, passei a compreender que os processos, e tudo quanto vivi, cooperará para o meu bem, conforme está escrito em Romanos 8.28: "E sabemos que todas as coisas contribuem juntamente para o bem daqueles que amam a Deus, daqueles que são chamados segundo o seu propósito" (ACF). Ter esse entendimento nos faz viver de forma totalmente diferente.

Permita-me lhe fazer outras duas perguntas: Como tem sido a sua vida até hoje? Você já parou para pensar e analisar como você tem vivido até o atual momento, entendendo que a sua existência tem um propósito? Talvez, tantas coisas deixaram de fazer sentido e o dia a dia não o permite perceber a grandeza de Deus em você.

Particularmente, posso lhe dizer que eu poderia ter uma vida completamente comum, mas compreendi, de fato, como sou especial. É em razão disso que posso fazer com que outras pessoas também consigam entender quão importantes e amadas são por Deus, pois esse é o Seu propósito. Pense nisso e troque suas dores, aflições, conflitos e dificuldades pela verdade que o Senhor designou para sua vida. Consegui entender isso de forma mais clara quando tive a revelação do texto bíblico a seguir, que também já foi citado acima:

> E se o meu povo, que se chama pelo meu nome, se humilhar, e orar, e buscar a minha face e se converter dos seus maus caminhos, então eu ouvirei dos céus, e perdoarei os seus pecados, e sararei a sua terra. (2 Crônicas 7.14 – ACF)

Quero convidá-lo a orar, pedindo para que Ele prepare seu espírito e suas emoções para que, ao ler o próximo capítulo, você possa compreender a poderosa revelação dessa passagem bíblica. O entendimento dessa verdade revelada na Palavra de Deus pode girar uma chave em sua história, fazendo com que você tenha acesso ao que o Pai celestial diz a seu respeito. Eu posso afirmar que existe um propósito reservado para você, que o fará viver e ser feliz. Vamos juntos entender sobre o estilo de vida de intercessão, filhos de Deus!

## CAPÍTULO QUATRO

# O QUEBRANTAMENTO COMO ESTILO DE VIDA

### PRA. EZENETE RODRIGUES

Por anos eu estive enferma, e ao longo desse período vivia acreditando que poderia morrer a qualquer momento. Em razão disso, acabei deixando de sonhar e fazer planos para o futuro, uma vez que todos eles poderiam ser frustrados a qualquer momento. No entanto, através de um toque sobrenatural, Deus me curou. Depois de viver esse milagre, pude finalmente voltar para casa e retomar as atividades corriqueiras, mas foi justamente nesse momento que me dei conta de que eu não tinha uma perspectiva de vida.

Isso, porque diversas vezes, ao longo desse tempo no hospital, ouvi os médicos dizerem que não havia mais chance para mim e que eu realmente iria morrer. Falavam que meu cérebro poderia parar de funcionar a qualquer momento e que eu nunca mais voltaria a ter uma vida comum, mas viveria de forma limitada. Em virtude disso, eu estava sempre amedrontada. A verdade é que eu carecia de cura em minha alma, pois ainda pensava como uma pessoa doente.

Foi quando me encontrava com medo e sem saber qual direção seguir, que tive uma conversa transformadora com uma das minhas tias. Ela me ajudou lembrar do dia em que o Senhor me fez reviver. Perguntava-me repetidas vezes: "O que Ele disse para você naquele dia?". Assim pude me recordar das palavras do Senhor para mim: "Eu Sou a vida, Eu lhe dou vida". Logo, minha tia me alertou: "Você precisa tomar uma decisão hoje. Sua escolha é viver ou morrer?". Em seguida, começamos a orar, e ela pediu ao Pai para me dar fé e remover todo o medo.

Enquanto orávamos, clamei a Deus pedindo por um sinal que confirmasse toda aquela experiência, e foi assim que recebi minha primeira visão. Eu me via em um lugar completamente escuro, e em meio às trevas havia uma pequena luz. Compartilhei com minha tia o que estava vendo. Ela falou: "Essa pequena luz é você". Eu sentia como se aquele brilho quisesse me ultrapassar, e naquele momento me entreguei a Jesus novamente.

Lembrei-me, então, do dia em que entreguei minha vida ao Senhor pela primeira vez, e orei: "Deus, eu me rendo a Ti, eu não quero mais viver em escuridão ou amedrontada". Enquanto isso, podia ouvir a canção que minha tia entoava: "Tudo entregarei! Tudo entregarei! Sim, por Ti, Jesus bendito, tudo deixarei!".[1]

---

[1] Domínio público (artista desconhecido). **Cantor Cristão**: Hinário Batista. Hino número 295.

De repente, aquela luz veio como um sopro em minha direção, transpassou-me, e exatamente naquela hora senti uma profunda conexão com o Senhor.

Em seguida, fui para o meu quarto, e ali, sozinha, quebrantei-me na presença de Deus, clamando por mais d'Ele. Foi assim que recebi o batismo no Espírito Santo. Finalmente pude ter uma real compreensão do que era quebrantamento. Percebi que a partir dele saímos do conformismo e nos posicionamos em total dependência do Senhor.

Essa experiência mudou a minha vida completamente, não só porque a partir dela aprendi a vencer o medo e fui refeita nas mãos do Pai, mas porque passei a ter o quebrantamento como meu estilo de vida. Assim, pude desenvolver intimidade com Deus e o meu lugar secreto com Ele tornou-se meu porto seguro.

Esses relatos são parte da minha história, da minha vida. Eles testificam que não há maneira mais abundante e segura de viver senão bem perto do nosso Pai celestial. É como diz a canção de Ana Paula Valadão: "Eu quero ser como um jardim fechado, regado e cuidado pelo Teu Espírito".[2] Ao ouvir essas palavras pela primeira vez, comecei a pensar em quanto aquilo representava o que eu sempre desejei e precisei: Seu cuidado e proteção.

Somente quando nos derramamos em Sua presença, tornando-nos vulneráveis, abrindo nosso coração ao Pai, permitimos que Ele cuide de nós e traga

---

[2] VALADÃO, Ana Paula. **Manancial**. Belo Horizonte: Diante do Trono, 1998.

restauração. Ele nos acolhe com Seu amor perfeito e remove todo medo. Dessa forma, passamos a viver, de fato, abundantemente – "Perto está o SENHOR dos que têm o coração quebrantado, e salva os de espírito abatido" (Salmos 34.18).

Posto isso, fica claro que é impossível vivermos a plenitude das bênçãos que o Senhor separou para nós se não estivermos dispostos a nos quebrantar constantemente. Sendo assim, precisamos entender o que é quebrantamento de acordo com a Palavra. Em Salmos 51, Davi suplica:

> Cria em mim, ó Deus, um coração puro, e renova em mim um espírito reto. (v.10 – ACF)

Quando nos rendemos aos Seus pés e renunciamos a nós mesmos, permitimos que o Senhor nos leve a viver de acordo com o que alegra Seu coração. Desse modo, nos conectamos ao Senhor, e o nosso estilo de vida é totalmente transformado. Passamos a viver em comunhão, santidade e intimidade com Ele. Entendemos a necessidade de parar de olhar somente para nós mesmos, confiar em nosso próprio entendimento, e assim rendemos nossos pensamentos a Ele. – "[...] levando cativo todo o entendimento à obediência de Cristo" (2 Coríntios 10.5 – ACF).

Trata-se de uma mudança de mentalidade, ou seja, a partir do momento em que nos quebrantamos diante de Cristo, passamos a pensar como Ele. Para isso, precisamos estar dispostos a abrir mão de nossa antiga forma de viver. O Senhor nos chama para nos achegarmos a Ele da maneira como estamos, pois, a princípio, ainda temos bagagem e marcas do passado – questões não superadas em nossa mente e coração. No entanto, cabe a nós abrir espaço para que Ele nos restaure inteiramente. Por esse motivo precisamos nos dispor a uma busca intensa por Deus, ao mesmo tempo em que entregamos nossas vidas de modo completo e radical.

Algo que sempre me fascinou foi o fato de que nossos pais vêm de parentelas com estilos de vida totalmente diferentes, contudo, se casaram e formaram uma nova família, com costumes e tradições próprias. Eles influenciam diretamente a percepção que temos de nossa identidade. É por isso que, muitas vezes, acabamos nos deparando com questionamentos: "Quem sou eu? A qual estilo de vida desejo aderir? A quem quero seguir? Ao meu pai, à minha mãe, ou do meu próprio jeito?".

Porém, quando entregamos nossas vidas a Cristo, nosso DNA é trocado, assim como diz a Palavra: "[...] já não sou eu quem vive, mas Cristo vive em mim [...]" (Gálatas 2.20 – NVI). Ou seja, nossa natureza deixa de ser simplesmente terrena e as circunstâncias naturais já não nos limitam. Pois morremos para nós mesmos e aderimos ao estilo de vida de Jesus, isto é, sempre nos quebrantando e escutando do Pai quais são as verdades a nosso respeito.

Contudo, se em Cristo temos a garantia de uma vida abundante, por que muitas pessoas aceitam a Jesus em seus corações, mas continuam em uma vida de derrota e pecado? Isso acontece com aqueles que não se entregam por completo a Ele. Preferem seguir com suas próprias forças em vez de depender do Senhor e manter sua fé somente n'Ele. Mas, se colocamos nossas dificuldades diante d'Ele, O conheceremos completa e genuinamente, pois veremos a Sua vida manifestar-se em nós e através de nós.

Enquanto passamos por esse processo, em que somos aperfeiçoados à imagem e semelhança de Cristo, possivelmente teremos vários questionamentos. Mas a fidelidade de Deus para conosco é tão grande, que Ele Se dispõe a esclarecer muitas de nossas dúvidas e revelar quais são os Seus pensamentos sobre nossas vidas e qualquer situação que possamos estar enfrentando. Isso não significa que teremos respostas para absolutamente todas as nossas questões, contudo, uma vez que as colocamos diante d'Ele, podemos descansar, mesmo que não venhamos a compreender por completo determinada situação.

No entanto, precisamos entender que existe uma luta em nosso interior.

> Porque a carne cobiça contra o Espírito, e o Espírito contra a carne; e estes opõem-se um ao outro, para que não façais o que quereis. (Gálatas 5.17 – ACF)

Em razão disso, temos de nos esforçar para prosseguirmos em buscar ao Senhor, andando em espírito, isto é, não mais de acordo com a concupiscência da carne. Logo, podemos desfrutar da alegria da salvação, reconhecendo o sacrifício e entrega de Cristo em nosso favor. Assim não viveremos mais sendo destruídos, mas sim com o entendimento de que pertencemos a Cristo Jesus e que Ele habita em nós. Por isso, dedicamos todos os nossos dias e tudo quanto fazemos para a Sua glória.

Em contrapartida, uma vida sem quebrantamento e entrega a Deus nos leva à morte espiritual, pois quem vive dessa maneira dá legalidade para que o Inimigo lhe cause danos. Nós sabemos que Satanás veio para matar, roubar e destruir, entretanto, quando a vida de Deus flui de nosso interior, os ataques do Inimigo não são bem-sucedidos. – "Revesti-vos de toda a armadura de Deus, para poderdes ficar firmes contra as ciladas do Diabo" (Efésios 6.10).

A partir do momento em que entregamos nossas vidas a Cristo, passamos a viver de uma forma totalmente nova. Temos consciência da nossa identidade em Jesus, e, assim, nos tornamos seguros e confiantes. Como o Espírito Santo passa a habitar dentro de nós, tudo em nosso interior é transformado. Esse processo de mudança é descrito em 2 Crônicas 7.14:

> E se o meu povo, que se chama pelo meu nome, se humilhar, e orar, e buscar a minha face e se converter dos seus maus

caminhos, então eu ouvirei dos céus, e perdoarei os seus pecados, e sararei a sua terra. (ACF)

Perceba que essa mensagem é destinada a todos nós, filhos de Deus. Também vale ressaltar que se trata de uma condição, ou seja, para vivermos a plenitude das promessas anunciadas no final do versículo, temos de agir de acordo com o que se diz no início desse verso: nos humilharmos, orarmos, buscarmos a face do Senhor e nos convertermos dos nossos maus caminhos.

## PRIMEIRO PASSO: HUMILHAR-SE

Humilhar-nos é a primeira coisa que devemos fazer na caminhada com destino ao quebrantamento. Assim reconhecemos o que Jesus fez por nós na cruz do Calvário. No entanto, se preferirmos viver de acordo com nossos próprios interesses, satisfazendo nosso ego, caminharemos na direção contrária ao estilo de vida de Jesus. – "Bem-aventurados os humildes, porque herdarão a terra" (Mateus 5.5).

Hoje nós vemos um grande investimento contra a vida dos jovens, por isso gostaria de alertá-los. O estilo de vida que vemos no mundo pode parecer bom, mas, na realidade, não passa de perdição, ventos contrários e coisas momentâneas que não nos levam a lugar algum. Oferecem-nos apenas momentos de prazer, que podem até trazer uma alegria passageira, mas, ao mesmo tempo, causam imensa dor. Além disso, nos deixam perdidos em um misto de sentimentos.

Contudo, quando entregamos totalmente nossas vidas a Jesus, reconhecendo quem Ele é, e quem somos n'Ele, percebemos o quanto somos amados. Ao contemplar esse amor perfeito, com todo o coração, nosso entendimento é aguçado e percebemos que a vida com Deus está longe de ser chata e sofrida, pois é Ele quem nos satisfaz.

Portanto, a humilhação citada em 2 Crônicas 7.14 é o início da melhor e mais incrível vida que alguém pode ter, pois é exatamente o que nos leva a entender o agir do Senhor em nós. Por isso, Ele diz: "Humilhai--vos, pois, debaixo da potente mão de Deus, para que a seu tempo vos exalte" (1 Pedro 5.6 – ACF).

Eu oro para que o seu coração seja despertado nesta leitura, e que, ao terminar este capítulo, você esteja queimando para obter o estilo de vida que o Pai designou para você.

## SEGUNDO PASSO: ORAR

Uma vez que nos humilhamos diante do Senhor, seguimos para o segundo passo dessa caminhada: orar. Isto é, falar com Deus, contar-Lhe nossas dores e dificuldades, coisas que somente cada um de nós e o Senhor sabemos, mais ninguém. Eu costumo dizer que se o meu travesseiro falasse, teria muito o que contar. – "Orai constantemente" (1 Tessalonicenses 5.17).

Precisamos orar de todo o nosso coração, confiando totalmente em Deus, que é o nosso Criador, Todo-Poderoso, mas também é o nosso Pai e nos ama. Por isso, sempre terá algo incrível a nos oferecer nesse momento, seja consolo, um confronto apontando para o que precisamos melhorar, ou simplesmente irá derramar sobre nós Seu amor. Sendo assim, passarmos tempo em Sua presença é fundamental para vivermos como Cristo. Garanto a você que, quanto mais fizer isso, mais sede por uma busca intensa pelo Senhor haverá em seu interior.

É no lugar de oração que Deus arranca pela raiz todas as mentiras que o Diabo sussurra em nossos ouvidos. O Inimigo costuma afirmar que somos um erro, apenas o fruto de uma relação sexual e que não deveríamos existir; também traz medo acerca do nosso futuro. Isso, porque, na verdade, ele não quer que conheçamos o amor de Deus por nossas vidas e o lindo propósito que o Pai celestial tem para nós.

Justamente por essa razão, as trevas tentarão nos trazer preguiça, incredulidade, tentações e distrações, a fim de nos convencer, enganosamente, que a vida pode ser melhor e mais fácil sem Deus; porém, essas são grandes mentiras. Devemos repreender as vozes malignas que surgem em nossas mentes para dizer coisas como estas, e escolher ouvir a voz de Deus por meio das Escrituras. Escute Suas palavras a respeito de você e seja cheio de esperança.

Assim, também é importante lembrarmos que Jesus é o nosso maior exemplo de vida de oração. Ele parava tudo que fosse preciso para falar com Deus. Sempre priorizava, acima de todas as coisas, ter um tempo com o Pai. Devemos fazer exatamente o mesmo, pois, quando oramos, recebemos poder do alto para vencer todos os desafios que surgem em nosso caminho e, enfim, encontraremos alegria.

## TERCEIRO PASSO: BUSCAR A FACE DE DEUS

> Procurai a *Yahweh* enquanto é possível encontrá-lo; invocai-o enquanto está próximo. (Isaías 55.6)

O Senhor está disponível para os que anseiam por Ele. Não estamos falando de um deus que não deseja estar perto de nós, pelo contrário, nosso Deus está totalmente disposto a revelar-Se a nós toda vez que O buscamos. Por isso, Ele mesmo nos faz esse convite em Sua Palavra. Contudo, em 2 Crônicas 7.14 somos orientados a buscar especificamente por Sua face, consegue descobrir o porquê disso?

Vamos imaginar que você precise encontrar um amigo no meio de uma grande multidão. Algumas das características dele, como a cor de seus cabelos, altura e cor de pele possivelmente serão semelhantes a de outras pessoas. Por isso, para ter certeza de que o encontrou entre tanta gente, será preciso olhar para o seu rosto, para sua face.

    Sendo assim, quando a Palavra diz para buscarmos a face do Senhor, é porque precisamos encontrá-lO verdadeiramente, não basta ficarmos de longe observando a quem se assemelha a Ele. Nosso Deus deseja mostrar-Se a nós de modo íntimo, face a face, e, assim, seremos capazes de reconhecê-lO por quem Ele é.

    Quando temos uma vida de oração consolidada, na qual buscamos ao Senhor e O conhecemos intimamente, acabaremos percebendo que quanto mais O buscamos, mais O desejamos. Sua vontade passa a ser nossa prioridade, acima de qualquer anseio que possamos ter em nossas vidas. – "Mas buscai primeiro o reino de Deus, e a sua justiça, e todas estas coisas vos serão acrescentadas" (Mateus 6.33 – ACF).

## QUARTO PASSO: CONVERTER-SE DOS MAUS CAMINHOS

    No primeiro passo (humilhação), já nos arrependemos, depois entendemos a necessidade de orar e buscar a face de Deus. Portanto, o próximo passo, de acordo com 2 Crônicas 7.14, é a conversão dos maus caminhos. Mas o que significa converter-se?

    Imagine que você está dirigindo para algum lugar, seguindo um determinado trajeto para chegar a um endereço. No entanto, em certo momento, percebe que não está no caminho certo. Por esse motivo, você para e pede informação a alguém. Logo, descobre que, de fato, estava indo na direção errada, e a pessoa que o orienta diz que você deve voltar. Isso é uma conversão, uma mudança de rota, de caminho.

É justamente o quebrantamento, ou seja, uma vida de oração e busca pela face do Senhor, que nos fará perceber, em nosso interior, quais "trajetos" não nos levarão ao lugar certo. Ou seja, entenderemos o que precisa ser transformado dentro de nós. Esse processo nos levará a conhecer Deus profundamente.

Geralmente quando conhecemos alguém perguntamos seu nome. Se nos simpatizamos com essa pessoa e nos interessamos por conhecê-la melhor, trocaremos os números de telefone, e começaremos, então, a desenvolver um relacionamento até nos tornamos, possivelmente, amigos íntimos.

Para que a intimidade seja desenvolvida, é necessário haver comunhão. Ou seja, nós nos dispomos a passar tempo conversando com essa pessoa e, aos poucos, abrimos nossos corações um ao outro. Da mesma forma, nosso relacionamento com Deus se faz buscando-O todos os dias, lendo a Sua Palavra, dobrando os nossos joelhos e pedindo a Ele que nos mostre Seus planos e desejos para nós. Além disso, a comunhão nos leva à santidade, pois quanto mais conhecemos o coração de Deus, mais facilmente conseguimos entender o que Ele ama e o que não O agrada. Por termos alegria em Lhe satisfazer, obedecemos a Sua direção e, assim, cresceremos espiritualmente.

Em suma, uma vez que temos comunhão com o Senhor, passamos a conhecê-lO mais, pois Ele Se revela aos que O buscam e dedicam-se a estar com Ele.

> Mas, como é santo aquele que vos chamou, sede vós também santos em toda a vossa maneira de viver. (1 Pedro 1.15 – ACF)

Com isso em mente, meus queridos irmãos, sempre que Deus mandar que você faça algo, acredite! Ele tem uma razão para isso, e a oportunidade de atender ao Seu convite é uma honra e um privilégio para nós. Uma vez que estamos em comunhão com o Senhor, poderemos desfrutar de Sua atenção e cuidado sobre as nossas vidas.

> Agora estarão abertos os meus olhos e atentos os meus ouvidos à oração deste lugar. (2 Crônicas 7.15 – ACF)

Persevere em oração e tenha fé, pois estou convicta de que o Pai celestial irá surpreendê-lo.

## QUEBRANTAMENTO: UM ESTILO DE VIDA

Muitas vezes não conseguimos entender como seguir um estilo de vida segundo o coração de Deus.

Contudo, não precisamos fazer isso sozinhos, pois nós temos um grande intercessor: Jesus Cristo. Foi Ele quem morreu por mim e por você, mas ao terceiro dia ressuscitou. N'Ele somos mais do que vencedores. Ele intercede por nós vinte e quatro horas por dia, todos os dias.

Cabe a nós viver o quebrantamento como nosso estilo de vida diariamente, pois não se trata de algo que fazemos de uma vez por todas. Temos de renovar esse compromisso todos os dias. Também não podemos nos esquecer de que o amanhã pertence ao Senhor, Ele sabe de todas as coisas. Precisamos renovar nossos corações e mentes diante do Pai a todo tempo, para que Ele realinhe nosso caminho de acordo com Seus planos.

Quero encorajá-lo, para que, assim como eu e o Henrique Krigner, você também experimente um estilo de vida de oração e dedicação ao Senhor. Eu oro para que o Senhor oriente sua vida com um passo a passo exclusivo. E que, a partir disso, você possa influenciar outras pessoas a viver para Jesus por completo, independentemente de qual seja sua área de atuação.

Estou extremamente empolgada porque sei que, assim como eu estou lhe impulsionando para uma jornada de busca por Deus, você também será essa influência para milhares de pessoas. Para isso não existem segredos: nossos joelhos precisam estar dobrados. Assim seremos orientados por Ele a interceder por pessoas e situações que Ele irá nos revelar. É primeiramente através de nossas orações que povoaremos o Céu e traremos transformação à Terra.

Somente no Senhor encontramos vida, alegria, esperança e fé. Nosso Deus é poderoso, e continua fazendo milagres e maravilhas hoje, assim como fez anteriormente e sempre fará, pois n'Ele não existem mutações. Meu coração se alegra ao ver uma geração levantar-se para entender e viver verdadeiramente com o Senhor Jesus, desfrutando do entendimento e do poder da intercessão.

CAPÍTULO CINCO

# OS PRINCÍPIOS INEGOCIÁVEIS DE UM INTERCESSOR

HENRIQUE KRIGNER

## QUEM ORA ESPERA RESULTADO: NOSSA ORAÇÃO TEM PODER

O que direi agora pode parecer um pouco óbvio, mas não é. Orar com a expectativa de alcançar resultado não é um ato egoísta, muito menos imoral. Ao contrário disso, a Bíblia nos encoraja a pedir. No entanto, precisamos aprender a fazer isso corretamente. Isso significa que é possível realizar nossos pedidos de maneira certa ou errada; ou seja, de acordo com a vontade de Deus ou fora dela. A boa notícia é que Ele é fiel e justo para perdoar aqueles que escolhem o caminho errado. Mas recompensa aos que seguem Sua palavra e O obedecem.

A respeito disso, o autor de Hebreus nos dá algumas dicas sobre uma coisa fundamental que nossas orações precisam ter: "[...] sem fé é impossível agradar a Deus; portanto, para qualquer pessoa que dele se aproxima é indispensável crer que Ele é real e que recompensa todos quantos se consagram a Ele" (Hebreus 11.6). Também nos lembra, através do sacrifício de Cristo na cruz que temos acesso privilegiado à misericórdia e à capacitação: "Portanto, acheguemo-nos com toda a confiança ao trono da graça, para que recebamos misericórdia e encontremos o poder que nos socorre no momento da necessidade" (Hebreus 4.16).

As duas passagens citadas revelam o quanto é necessário ter fé e confiança em Deus para entendermos quais são Seus pensamentos e agir de acordo com Sua direção. Logo, engajar-se em oração sem crer, ou com pouca fé, acaba sendo um desperdício de tempo e uma forma extremamente eficaz de não chegar a lugar algum. Por isso, precisamos orar e interceder com total convicção de que nossas petições são poderosas para mudar a realidade, seja de pessoas, famílias, cidades, nações ou ministérios.

Portanto, sem falsa humildade – ou seja, sem subestimar-se ou superestimar-se – o intercessor que gera resultados é aquele que entende sua posição de filho(a) de Deus e segue sua jornada sem limitar-se às condições terrenas. Pelo contrário, em suas orações, sempre busca uma perspectiva celestial sobre tudo que encontra à frente – tanto coisas boas, que vêm de Deus, quanto as ruins, que têm como origem o Diabo.

Essas coisas podem até parecer bastante óbvias. Mas, se realmente são, por que será que muitas pessoas ainda oram de forma extremamente passiva, e não ardem por alcançar uma resposta divina? Existem diversas razões pelas quais alguém pode esvaecer em suas pautas de oração, porém, uma das principais, a que mais tenho encontrado em diferentes igrejas que visito, é a frustração.

Dentro deste contexto, eu já tive oportunidade de interagir com muitos intercessores que, ao pararem para analisar o porquê da "marcha lenta" ao orar, perceberam que inconscientemente passaram a questionar a efetividade de manter um relacionamento com Deus por conta das orações que ainda não obtiveram resposta. Eles oraram por tanto tempo em favor de determinada causa e, ao não alcançarem resultado, acabaram permitindo que uma "barreira de proteção" envolvesse seus corações, reduzindo bruscamente suas expectativas ao entrar no lugar secreto com o Pai. Nós fazemos isso como defesa natural. Contudo, essa reação acaba diminuindo também a constância e a frequência da abordagem do tema em questão nas nossas orações, quando nossa reação deveria ser justamente o oposto disso, como está escrito em Romanos 12.12: "Alegrai--vos na esperança, sede pacientes na tribulação, perseverai na oração".

Outro ponto que requer nossa atenção é o fato de ser assustadoramente comum encontrarmos em nossas igrejas pessoas que fazem orações "comportadas" demais diante de situações que, na verdade, requerem um posicionamento firme e ousado de nossa parte (tanto no âmbito físico como no espiritual). Existem intercessores que praticamente imploram para que uma doença seja curada, em vez de discernir no espírito a melhor maneira de agir naquela situação. Às vezes, também solicitam encarecidamente e de maneira muito gentil que um demônio deixe de atormentar uma pessoa. Sei que esses casos parecem um pouco exagerados, mas, analisando bem as orações que fazemos, é notável a frequência com que vemos pessoas agindo dessa maneira – ou, muitas vezes, nós mesmos fazemos isso.

Por outro lado, é muito comum sabermos exatamente quais palavras declarar. Mas, talvez, a entonação de nossa voz ao falarmos mostre que ainda não compreendemos plenamente a revelação de que temos autoridade em Cristo para ministrar cura aos enfermos, expulsar demônios e operar sinais e maravilhas. Em circunstâncias como essas, o que falta é a compreensão de algo muito importante que a Palavra nos diz:

> E estes sinais acompanharão aos que crerem: em meu Nome expulsarão demônios; em línguas novas falarão. Pegarão serpentes com as mãos; e, se algo mortífero beberem, de modo nenhum lhes fará mal, sobre os enfermos imporão as mãos e eles serão curados! (Marcos 16.17-18a)

Sem a revelação dessa herança que temos como filhos de Deus, não conseguimos obter a ousadia para fazer essas coisas. E por conta da recorrência disso dentro das igrejas, é necessário alinharmos urgentemente nossa perspectiva com o que diz na Bíblia, para que entendamos nossa posição de uma vez por todas, se quisermos, de fato, semear os pilares de oração que irão suster os próximos moveres de Deus na Nação.

Orações ousadas são sempre muito bem-vindas nos céus e fazem total diferença na expansão do Reino de Deus na Terra. Foi exatamente com essa expectativa, fé e fervor que um jovem americano se ajoelhou na sala onde John Wesley orava todos os dias. Esse ato de rendição aconteceu logo depois que ele ouviu sobre o número de vidas alcançadas por Wesley ao longo de seus mais de sessenta e dois anos de ministério e sobre o avivamento que o fez percorrer mais de 400.000 quilômetros no lombo de um cavalo, pregando o Evangelho. Ali, o professor J. Edwin Orr testemunhou seu jovem aluno, Billy Graham, com apenas vinte e dois anos de idade clamar: "Faz de novo, Senhor!".[1] Daquele lugar, estava saindo uma oração que mais tarde seria atendida. Através da vida desse homem, milhares de pessoas se converteram, e, por causa disso, muitos o consideram como o maior evangelista do nosso tempo.

A ousadia daqueles que oram já mudou o destino de nações! Como um exemplo de fé semelhante

---

[1] BATTERSON, Mark. **Whisper**: how to hear the voice of God. Sisters, United States: Multnomah Press.

ao anterior, crendo no poder da oração, o general americano, George Patton, considerou que orar seria a melhor arma para vencer uma guerra. Acreditando veementemente nisso, exigiu ao capelão de seu batalhão que redigisse uma oração oficial em 1944, para que, assim, todos clamassem a Deus por uma melhora nas condições climáticas. Ele dizia que, se eles tivessem ao menos 24 horas de tempo bom – pois estavam em meio a um mês inteiro de um clima muito ruim – seria possível enviar reforços através de um apoio tático para o reabastecimento das tropas americanas que estavam sendo cercadas pelos alemães. Então, Patton ordenou que cada soldado recebesse um cartão de Natal com a seguinte oração, para realizá-la:

> Todo-poderoso e misericordioso Pai, nós humildemente Te suplicamos, da Tua grande bondade, para conter essas chuvas imoderadas com as quais tivemos que lutar. Conceda-nos tempo bom para Batalha. Graciosamente nos escute como soldados que Te invocam, armados com Teu poder, possamos avançar de vitória a vitória e esmagar a opressão e maldade de nossos inimigos, e estabelecer a Tua justiça entre os homens e as nações. Amém.[2]

Em tempo recorde, muito inferior ao previsto, as condições climáticas melhoram tanto que as tropas

---

[2] D'ESTE, Carlo. **Patton**: a genius for war. Nova Iorque: Harper Collins, 1995.

de Patton conseguiram avançar, cumprir a missão e reconquistar a cidade de Bastogne, na Bélgica. Como um reconhecimento ao poder dessa oração, o capelão foi condecorado com a Estrela de Bronze, por ter cumprido as ordens de Patton, e, assim, transformado um exército de soldados em um exército de intercessores.

Houve, ainda, outro episódio durante a II Guerra Mundial em que a oração se tornou a principal estratégia dos soldados. Em 10 de maio de 1940, o exército alemão iniciou um ataque ofensivo que rapidamente tomou conta do território da França e da Bélgica, encurralando tropas britânicas na praia de Dunkirk. Com o avanço assustador dos alemães, o primeiro ministro Winston Churchill estava preparado para anunciar ao mundo que aproximadamente 300.000 soldados estavam detidos na França e poderiam ser mortos a qualquer momento pelos inimigos alemães. Churchill estimava que haveria tempo para salvar cerca de apenas vinte ou trinta mil soldados antes que os alemães chegassem a Dunkirk. Ou seja, aquela já era uma tragédia anunciada.

Contudo, o Rei George VI decidiu convocar o Dia Nacional de Oração, que aconteceu em um domingo, mais precisamente em 26 de maio de 1940. Nesse dia, barcos civis e militares se dedicaram a resgatar o maior número de soldados que fosse possível. Enquanto isso, dezenas de milhares de britânicos se agrupavam em igrejas e catedrais clamando para que suas tropas fossem livradas de uma matança. Mesmo antes do Dia Nacional de Oração começar, algo inédito e completamente inesperado aconteceu: Hitler não deu ouvidos aos conselhos de seus oficiais e ordenou que suas tropas terrestres parassem de avançar. Naquele momento, eles estavam fechando o cerco em torno dos britânicos. Durante três dias (da noite da convocação até o exato dia de oração), todas as tropas nazistas ficaram quase imóveis em terra, aguardando uma segunda ordem.

Historiadores lutam até hoje para tentar justificar essa decisão, que não fez sentido algum naquela época, assim como ainda não faz para quem lê essa história hoje. As tropas nazistas estavam a pouco mais de quinze quilômetros de distância para aniquilar o exército britânico e, assim, aproximar-se de vencer a guerra. Alguns registros afirmam que Hitler estava confiante de que o exército britânico não poderia ser evacuado pelo mar, porque seus aviões os interceptariam e, com bombas, frustrariam qualquer tentativa de fuga. Porém, o plano que parecia perfeito foi completamente interrompido pelo poder da oração: não somente Hitler ordenou o congelamento do avanço das tropas terrestres, como uma tempestade não prevista atingiu a base aérea onde seus aviões estavam localizados. Sem ter como levantar voo, os aviões inimigos se tornaram inúteis e absolutamente inofensivos.

Além disso, mais um milagre atingiu os britânicos: encontraram o mar calmo, o que viabilizou a evacuação em massa de suas tropas. Embora os alemães tenham atacado as tropas britânicas que fugiam de Dunkirk, após nove dias de operações, mais de 338.000 soldados que estavam encurralados foram resgatados. Ou seja, uma convocação nacional de oração, um povo que fora mobilizado e um rei prostrado paralisaram as forças inimigas e garantiram o livramento de centenas de milhares de soldados que teriam sido mortos ou escravizados pelos nazistas, na terra e no mar.[3]

A essa altura, você deve estar se perguntando a razão de eu estar contando essas histórias em um livro sobre intercessão e, especialmente, em um capítulo sobre o estilo de vida do intercessor. É simples: sem fé de que a oração que sai do seu coração pode muito em seus efeitos (cf. Tiago 5.16), é impossível gerar resultados. Eu acredito que essa é a base para construir um estilo de vida de intercessão constante e frutífero.

Dessa forma, independentemente do tempo que você tem caminhado com Cristo, mas debaixo do

---

[3] PEARCE, Dr. E. K. Victor. **Miracles and angels**: evidence for truth. Washington: Eagle Publishing, Inc. Informações adicionais retiradas das matérias **The four miracles of Dunkirk**, publicada por *Guideposts*, em 14 de novembro de 2017. Disponível em: *https://www.guideposts.org/inspiration/miracles/gods-grace/the-four-miracles-of-dunkirk*; **5 facts about the "Miracle of Dunkirk"**, publicada por *The Ethics and Religious Liberty Commission of the Southern Baptist Convention*, em 20 de julho de 2017. Disponível em: *https://erlc.com/resource-library/articles/5-facts-about-the-miracle-of-dunkirk*; **How to pray ch 5 – C. S. Lewis and Dunkirk: a miracle?**, publicada no blog *Living the Legacy of C. S. Lewis*, em 11 de outubro de 2018. Disponível em: *http://www.cslewis.org/blog/how-to-pray-ch-5-c-s-lewis-and-dunkirk-a-miracle/*. Acesso em janeiro de 2020.

entendimento de que sua oração tem poder, tome um tempo para livrar-se de todas as frustrações e medos que talvez você esteja carregando. Essa é uma nova temporada. Malas antigas não combinam com novas experiências. Portanto, livre-se de todo peso e de qualquer frustração para então mergulhar nas coisas novas que Deus tem para você. Experimente cada dia mais intensamente o potencial de transformação que sua oração carrega para sua vida, trabalho, família, cidade, e inclusive para a sua nação.

Para ajudá-lo a mergulhar de cabeça nesse processo, tratarei de **valores inegociáveis** para todos que anseiam por relacionamento com Deus e desejam mergulhar em uma jornada de construção de uma vida de oração poderosa.

## INTIMIDADE

Um dos aspectos essenciais (e mais desafiadores) para nós, como cristãos, é manter-nos em uma trilha constante no que diz respeito ao desenvolvimento da intimidade com Deus. Isso, porque culturalmente somos ensinados, especialmente nas escolas, que existe grande valor no acúmulo de conhecimento teórico, e não na experiência. E isso aparece até mesmo nas igrejas. É comum que aquela pessoa que decorou mais versículos do que as demais, ou a que tem um vasto conhecimento teológico, seja colocada em destaque, sendo mais elogiada e admirada.

No entanto, algo que sempre questionei foi se quem tirava notas mais altas no colégio realmente havia aprendido melhor a matéria, ou era apenas alguém que tinha uma boa capacidade de memorização. Ainda não cheguei a uma conclusão sobre esse tema, mas, a cada dia que passa, eu acredito que, sim, aqueles que memorizam com mais facilidade têm mais chances de conquistar uma boa nota.

Entretanto, quando falamos sobre nossa jornada com Deus, a quantidade de conteúdo decorado não é mais importante do que a revelação que o Espírito Santo traz, do que as nossas experiências com Ele e, depois, do que aquilo que é praticado por nós. Embora todo conhecimento tenha seu valor, o que o próprio Deus fala diretamente ao nosso coração carrega algo eterno, além de também conter um poder sobrenatural e um sentimento de urgência para transformar nosso interior e a realidade ao nosso redor.

Em razão disso, a intimidade com o Pai, o Filho e o Espírito Santo é a chave principal para podermos cumprir com nosso chamado de intercessores, cuja definição vem do termo *"paga"* – palavra hebraica que significa promover encontros entre duas partes, interceder.[4] Até porque, quando somos íntimos de alguém, consequentemente, conhecemos bastante a seu respeito e do que passa em sua mente e coração. Logo,

---

[4] Significado retirado do dicionário **Bible Tools**. Disponível em: https://www.bibletools.org/index.cfm/fuseaction/Lexicon.show/ID/H6293/paga%60.htm. Acesso em janeiro de 2020.

se vamos praticar a intercessão, isto é, unir duas partes, devemos conhecer bem cada uma delas.

Um corretor de imóveis, por exemplo, precisa entender claramente quais são as preferências de seu cliente, assim como necessita conhecer os imóveis disponíveis antes de oferecê-los aos potenciais compradores. Da mesma forma, um professor precisa dominar a matéria que irá ensinar antes de promover um encontro entre seus alunos e o tema. Assim, também, é fundamental que o dia a dia de um intercessor (ou seja, todos os que se consideram discípulos de Jesus) tenha momentos de busca e intimidade com Deus, nos quais Ele Se revela e Se faz conhecido a nós.

Sendo assim, nos últimos anos, tenho me dedicado a não apenas orar de acordo com o meu querer, mas considerar qual é a vontade de Deus conforme o que está na Palavra, e me abrir para que o Espírito Santo revele o que eu não consigo perceber ou entender em cada contexto. Preciso dizer a você que isso revolucionou minha vida de oração.

Ao levar essa mesma proposta para os intercessores de nossa igreja local, percebi o quão desafiador é aplicá-la. Mas um exercício prático que faço é separar uma manchete de jornal e pedir para que cada um deles observe o que ali foi relatado. Depois, peço que escrevam em uma folha de papel ao menos dois assuntos pelos quais ele/ela deseja interceder com base na notícia apresentada. Por último, perguntamos ao

Espírito Santo o que está em Seu coração em relação àquele assunto e, então, tiramos um tempo para ouvir o que Ele tem a dizer.

É nesse momento que a surpresa vem, quando comparamos o que sentimos que devemos orar depois de ouvir o Espírito Santo com o que havíamos escrito antes. Em diversas situações, a diferença é realmente impressionante. Certa vez, enquanto fazíamos esse exercício, uma intercessora leu uma notícia sobre a declaração de um membro da liderança política brasileira se posicionando a favor da legalização do aborto no Brasil. De imediato, ela ficou revoltadíssima com aquele posicionamento e anotou no papel que oraria para que a justiça de Deus viesse sobre aquele líder. Seu anseio era que os bebês em risco de morte fossem protegidos, e aqueles que intentam mal contra a instituição da família fossem humilhados.

Ela estava extremamente indignada com a situação, e expressava isso ao compartilhar com o restante do grupo sobre a notícia. Logo em seguida, tiramos um tempo para orar e buscar de Deus uma direção para aquele momento e por aquelas pautas. Ao final dessa oração, nossa intercessora chorava desesperadamente. As lágrimas escorriam por seu rosto e um verdadeiro clamor saía da sua boca. Confesso que cheguei a me espantar, porque em cerca de dois minutos sua indignação e revolta transformaram-se em um quebrantamento genuíno.

Quando fui até ela perguntar o que tinha recebido de Deus durante aquele breve tempo de oração, ouvi uma resposta que nunca mais esqueci. Ela disse: "Eu queria orar para que essa pessoa fosse constrangida, e até mesmo punida por Deus. Mas o Espírito Santo me mostrou que, neste momento, Seu desejo é que eu me levante para interceder a fim de que as famílias cristãs saudáveis sejam despertadas à causa da adoção e abriguem os bebês que são rejeitados por seus pais".

Uau! Essa foi, sem dúvidas, uma das experiências mais marcantes e significativas que me fizeram entender que até podemos ter uma ideia ou palpite sobre qual poderia ser a vontade de Deus, mas precisamos urgentemente abrir nossos corações para ouvir o que vem diretamente do coração do Senhor especificamente para cada situação e em cada período. Por isso, estou convicto de que, como intercessores, somos muito mais efetivos quando oramos o que está de acordo com o *Kairós* – tempo oportuno de Deus – do que quando seguimos nossas próprias ideias e perspectivas.

## ANTES DE SER UM INTERCESSOR, EU SOU UM FILHO

Logo no início da minha jornada de intercessão, entendi algo que foi completamente transformador para minha vida: antes de ser um intercessor, eu sou um filho de Deus. Desse modo, as expectativas que o Pai tem a meu respeito enquanto intercedo não excluem os sonhos que Ele tem para mim como filho. Assim como não inutilizam as ferramentas que Ele já me deu por ser coerdeiro com Cristo. Essa compreensão muda totalmente a prática da intercessão e faz com que nossos momentos no secreto sejam ainda mais profundos e cativantes.

Isso, porque, para que seja possível desenvolver intimidade, é necessário existir amor, e isso se aplica a qualquer relacionamento. A boa notícia é que a Bíblia deixa bastante clara a receita para começar a amar ou crescer em amor de forma significativa: "Nós amamos porque Ele nos amou primeiro" (1 João 4.19). Avançamos em revelação e prática do amor de Deus à medida que recebemos mais dele. Isto é, eu sou amado pelo Pai, sou cheio de Seu amor, e assim, passo a desejar ainda mais intimidade e relacionamento com Deus e, dessa maneira, começo a conhecê-lO melhor. Foi assim com Jesus desde o início do Seu ministério: primeiro Ele desceu às águas, depois recebeu a revelação de que era amado pelo Pai e, só então, foi levado ao deserto para ser provado.

> E, sendo Jesus batizado, saiu logo da água, e eis que se abriram os céus, e viu o Espírito de Deus descendo como pomba e vindo sobre Ele. Em seguida, uma voz dos céus disse: "Este é meu Filho amado, em quem muito me agrado".
> (Mateus 3.16-17)

> Jesus foi então conduzido pelo Espírito, ao deserto, para ser tentado pelo Diabo. (Mateus 4.1)

Quando deixamos de lado essas duas primeiras etapas, e priorizamos a terceira – na qual se enquadram as provas e o cumprimento de nossa missão – desprezamos pilares fundamentais para nossas vidas, e até mesmo para o cumprimento de nosso propósito na Terra.

Infelizmente, esse é um cenário bastante comum na Igreja: intercessores ou "pessoas de oração" estão muito focados na missão, mas pulam as primeiras etapas, em que seriam imersos nas águas do Espírito e receberiam palavras de afirmação do amor paterno de Deus sobre suas vidas. Um medidor para isso seria pensarmos: será que nossas experiências de intimidade com Deus, testemunhos e revelações que tivemos com Ele em secreto são recentes e frequentes ou aconteceram apenas em uma época específica de nossas vidas?

Se sua resposta for a segunda opção, isso indica que você está pulando etapas em seu dia a dia, superenfatizando a missão e acomodando-se a experiências anteriores, em vez de se posicionar para receber algo novo do Pai. No entanto, é simples resolver essa situação. O Senhor Se releva aos que o buscam, como a Palavra nos orienta: "Vós me buscareis e me encontrareis, quando me buscardes de todo coração" (Jeremias 29.13). Portanto, que esse seja nosso maior desejo: buscarmos por mais de Deus, custe o que custar.

Nunca podemos nos acostumar com o que, um dia, já vivemos.

## COMPROMETIMENTO ABSOLUTO

"Você está disposto a lutar uma batalha que ninguém terá conhecimento de que foi você quem travou?". Essa foi a pergunta que o Espírito Santo me fez quando eu pensei em me sentir ofendido, ou até mesmo insatisfeito, por não ter sido reconhecido como alguém que contribuiu para o que aconteceu em determinada situação. Antigamente, em meus primeiros anos como intercessor, esse tipo de pensamento era mais comum, assim como a imaturidade espiritual e a emocional, que também eram questões gritantes em mim. Na verdade, em nenhum momento eu me dedicava a fazer intercessão ou a cobrir pessoas em oração tendo como fim o reconhecimento pessoal, mas, curiosamente, a falta dele me incomodava. Confesso também que, às vezes, sou um pouco lento para entender o que Espírito Santo quer me falar, e foi justamente o que aconteceu nesse caso. Acredito que Deus tentou me avisar sobre essa questão algumas vezes, mas foi somente quando ouvi aquela pergunta que finalmente percebi que Ele estava querendo me levar a um lugar mais profundo de entrega e comprometimento, independentemente de ser reconhecido pelas pessoas.

Passar por isso me fez entender que algo fundamental em nosso relacionamento com Deus é nosso comprometimento em ouvir Sua voz. Até porque existe um momento de nossas vidas em que precisamos abandonar o pensamento antagônico de que só existe o certo e o errado. Na verdade, cabe a cada um de nós reconhecer o que convém e o que não nos convém (cf. 1 Coríntios 6.12), de acordo com a direção do Senhor. Ou seja, não basta entender apenas o que é pecado e o que desagrada o coração de Deus. Mas aqueles que desejam um estilo de vida de intercessão e oração precisam estar abertos para receber direções do Espírito Santo e se comprometer em segui-las.

Logo, esse compromisso de seguir e obedecer às direções de Deus é grandioso para destravar respostas e liberar o poder de Deus em toda e qualquer situação. É isso que vemos através de atos proféticos[5], por exemplo. Ao longo do Novo Testamento, vemos alguns deles, que seriam extremamente polêmicos hoje em dia. Por exemplo, quando Ezequiel passou trezentos e noventa dias deitado sobre um braço (cf. Ezequiel 4.5). Em outro momento, ele recebeu a instrução de assar o pão em cima de fezes bovinas, e não humanas (cf. Ezequiel 4.15).

Sendo assim, existe um nível de entrega radical que vem de Deus. Isso requer de nós um desprendimento daquilo que é "socialmente aceitável", e um compromisso em cumprir o que Ele nos orienta. Intercessores

---

[5] Atos proféticos dizem respeito a uma atitude ou posicionamento no mundo físico, a fim de destravar algo no mundo espiritual.

e pessoas maduras precisam estar prontas para quebrar o *status quo*. Imagine só quão bizarro foi para Ezequiel, Isaías, Oseias e tantos outros homens fiéis e tementes ao Senhor fazer as coisas que lhes foram ordenadas. Contudo, ser um intercessor é abraçar o compromisso de cumprir a vontade de Deus, mesmo sabendo que isso não será confortável e que provavelmente não estará de acordo com a vontade alheia. Isso pode até nos afastar da aceitação e do reconhecimento das outras pessoas. Aliás, essas são duas palavras extremamente tóxicas para um intercessor: aceitação e reconhecimento.

Dentro disso, a verdade é que nosso comprometimento em obedecer ao Senhor está diretamente ligado à nossa fé, caráter, disciplina e paixão. Mas, para que isso se torne real, é necessário o pontapé inicial, que é a tomada de decisão, um posicionamento firme. Se não fosse por isso, José seria apenas mais um amante na história egípcia, e não um exemplo de governante para toda a humanidade (cf. Gênesis 39.11-20). Daniel teria sido mais um empregado que fielmente cumpriu todas as ordens do rei, em vez de tornar-se o homem que foi lançado à cova dos leões e permaneceu intacto (cf. Daniel 6). Josias não seria capaz de levar o povo de Israel a realinhar-se com a lei de Moisés. Sem escolher posicionar-se, seu reinado teria sido exercido no modo automático, e ele simplesmente permitiria que os costumes inadequados fossem mantidos, sem incomodar a ninguém (cf. 2 Crônicas 35).

Imagine só que frustrante seria se as histórias e lições da Bíblia fossem todas "comportadas" e não causassem incômodo algum na vida de quem as lê. Agora, pense como seria ler o livro da nossa vida com Deus e perceber que nós caminhamos de acordo com conforto e aceitação, em vez de paixão e obediência radicais. No entanto, o estilo de vida de intercessão só faz sentido se a pessoa se compromete com reverência total a Deus. Para aqueles que preferem ficar confortáveis ou agir de acordo com o que é politicamente correto, talvez a oração não faça tanta diferença assim. Mas, para os que se alimentam da Palavra que sai do coração de Deus e não se satisfazem até que a Sua vontade seja cumprida aqui na Terra, custe o que custar, esses precisam absolutamente de uma vida de oração sólida e efetiva.

Portanto, é desse lugar de valorização da nossa intimidade com Deus, reconhecimento de nossa identidade como Seus filhos e filhas, e de um compromisso radical com o Rei e Seu reino que conseguimos desenvolver disciplina, permanecer em santidade, mover-nos em obediência e autoridade espiritual. Esses são os princípios inegociáveis do intercessor. Se não fosse assim, nossa disciplina poderia tornar-se religiosidade; o que chamamos de santidade poderia ser uma verdadeira hipocrisia; e nossa busca por autoridade espiritual seria apenas uma jornada egocêntrica e muito danosa ao corpo de Cristo.

Neste momento, estamos sendo levantados como verdadeiros intercessores, que têm estes valores inegociáveis bem claros e firmes diante de nós. Não vamos abrir mão de nenhum desses princípios, mas iremos testemunhar a fidelidade de Deus transformando as realidades nas quais estamos inseridos de uma forma sobrenatural. Seja em meio a uma guerra, a uma construção ou mesmo a uma revolução cultural, a oração e a intercessão íntima com Deus serão nossas maiores estratégias.

## CAPÍTULO SEIS

# INTERCESSÃO VITORIOSA

### HENRIQUE KRIGNER

Desde pequeno, mesmo antes de ter o novo nascimento, sempre fui muito atento e conectado ao mundo espiritual. Lembro-me de ter sonhos nos quais eu me via em algum outro lugar, assistindo a uma determinada situação, que depois tornava-se realidade. Por diversas vezes, acordei durante a noite com a sensação de que algum ser mau havia entrado em meu quarto. Geralmente eu não via nada, mas podia sentir a presença de "alguém", inclusive, poderia dizer exatamente onde ele estava e o que estava fazendo. Além disso, quase sempre podia ouvir o que essas criaturas diziam.

Se isso assusta você, imagine como foi para mim, que ainda era uma criança e não tinha entendimento algum do que aquilo significava. Lembro-me de uma época em que essas experiências se tornaram tão frequentes que, em uma viagem que fiz com meus pais para o interior de São Paulo, pedi que comprassem um crucifixo dourado e pendurassem em cima da minha cama. Por alguma razão, aquilo me trazia um sentimento de segurança. Confesso, também, que por várias vezes acordava no meio da noite, tirava o crucifixo da parede e só conseguia pegar no sono novamente quando estava bem agarrado a ele. Esse ato era comum, já que eu não tinha base bíblica, nem relacionamento com Deus. Não jejuava e não havia ao menos aceitado a Jesus como Senhor e Salvador da minha vida. Entretanto, já sabia que na cruz eu teria paz e força como não encontraria em nenhum outro lugar.

À medida que crescia, essas experiências deixaram de me assustar e até tornaram-se algo interessante. Sei que é estranho dizer isso, mas a verdade é que comecei a ficar curioso por descobrir o que seriam essas "presenças" que eu percebia nos ambientes. Quanto a isso, algumas pessoas me diziam que eram pessoas já falecidas que, por alguma razão, ainda vagavam pela Terra. Outras afirmavam que se tratava de demônios ou, se a sensação que eu tivesse fosse boa, poderiam ser anjos.

Eu não sabia muito bem em que acreditar, de modo que comecei a procurar por respostas em livros que traziam ensinamentos sobre o assunto, e a perguntar para outras pessoas acerca disso. Assistia a programas de televisão que abordavam essas questões, e também comecei a acompanhar o trabalho de médiuns espíritas. Nessa época, cheguei a ler uma psicografia que relatava a morte do PC Farias[1] – repare em como meu interesse por oração e política andam juntos há bastante tempo. Justamente nessa fase, quando comecei a buscar com mais intensidade por questões relacionadas à espiritualidade, e sentia algo diferente em praticamente todo novo ambiente no qual entrava, Jesus me encontrou. Foi em agosto de 2008, em um churrasco na casa dos meus amigos que a minha vida foi transformada para sempre. Hoje, ao olhar para trás, percebo o cuidado de Deus em não permitir que eu me aprofundasse em conhecimentos sobre questões espirituais que não fosse o mais puro Evangelho e a realidade do mundo espiritual pela ótica de Jesus e à luz da Bíblia.

A minha conversão é para mim um exemplo da verdade absoluta de Tiago 4.8: "Achegai-vos a Deus, e Ele acolherá a todos vós! [...]". Isso, porque, mesmo sem eu saber, estava andando em Sua direção e, antes que eu desse qualquer passo em falso, Ele me encontrou. Escrevo isso com os olhos cheios de lágrimas, como um testemunho e uma profecia sobre a sua vida: assim como fui achado pelo Senhor antes de me ater aos caminhos falsos, Ele está disponível para revelar a você

---

[1] Paulo César Farias, ou P.C. Farias, foi tesoureiro da campanha de Fernando Collor para a presidência da República. Além disso, era empresário e esteve envolvido em esquemas de corrupção junto a Collor, presidente eleito na época. (Fonte: *site* da Fundação Getúlio Vargas: Centro de Pesquisa e Documentação de História Contemporânea do Brasil. Disponível em: *http://www.fgv.br/cpdoc/acervo/dicionarios/verbete-biografico/farias-paulo-cesar*. Acesso em dezembro de 2019)

as verdades sobre Seu reino. Inclusive, aquilo que seu cérebro está reconhecendo ao ler este livro e conhecer nosso testemunho não se compara ao que o seu espírito está recebendo nesse processo. Sendo assim, navegue por esta obra tendo-a não somente como fonte de aprendizado, mas também como uma transferência de unção.

Posto isso, gostaria de destacar o fato de que não tomo parte no discurso que afirma não existir batalha espiritual, ou que agora só precisamos dar as mãos e esperar passivamente pela segunda vinda de Jesus. Para mim, o mundo espiritual é ainda mais real do que o natural. E isso se comprova pelo fator eternidade, isto é, tudo que vemos com nossos olhos físicos um dia vai deixar de existir, mas o que é espiritual e não podemos enxergar permanecerá para todo o sempre. Um dia todos nós morreremos fisicamente, o nosso corpo pode ser carbonizado, mas o nosso espírito permanecerá intacto. Assim, também é possível perdermos nossa memória, ou até mesmo a habilidade de falar, tendo como causa questão de saúde. Contudo, continuaremos fortes espiritualmente, e em constante comunicação com o Espírito de Deus.

Sendo assim, tenho certeza de que todas as coisas desta Terra são altamente influenciadas por questões espirituais, seja para o bem ou para o mal. Desmerecer esse entendimento nos leva a uma visão rasa, e é justamente isso que tem levado igrejas e líderes a tentarem enfrentar questões que carregam uma raiz espiritual como se fossem "distúrbios comportamentais" ou "questões culturais". No entanto, está escrito: "Com toda a certeza vos asseguro que tudo o que ligardes na terra terá sido ligado no céu, e tudo o que desligardes na terra terá sido desligado no céu" (Mateus 18.18).

Portanto, se quisermos que nossas vidas sejam realmente transformadas a ponto de influenciarmos e transformarmos uma nação, temos de começar a "dar nome aos bois", ou seja, pontuar a causa de cada situação: nem toda depressão é patológica, nem toda crise é puramente financeira e também não é sempre que a carência afetiva é algo simplesmente natural. Existem embates que poderemos vencer apenas com as armas espirituais, pelo poder do Espírito Santo. Não fechar os olhos para os verdadeiros inimigos e encará--los de frente é a coisa mais sábia a se fazer durante uma guerra.

Ao mesmo tempo, enquanto avançamos em nossa jornada e desenvolvemos nossa prática de oração e intercessão, percebemos que isso não se reduz ao que chamamos de batalha espiritual. Sim, essa luta é real e é importante que sejamos "astutos como a serpente" (Mateus 10.16). No entanto, resumir a experiência da intercessão à batalha espiritual é distorcer seu real significado, assim como o poder que esse ato carrega. Permita-me dizer que manter o foco voltado somente a esse tipo de embate tem deixado líderes cansados, e transformado os momentos de oração nas igrejas em algo mecânico. Além disso, também acaba afastando a nova geração dessa prática. Por isso, os ministérios de intercessão das igrejas acabam se parecendo com grupos de "caça-fantasmas", ou coletivos de exorcistas. Mas, na verdade, deveríamos ser conhecidos como aqueles que trazem as palavras de Deus à realidade terrena.

Quantas vezes já ouvi: "Cuidado! Os intercessores chegaram", ou "Chame os intercessores, porque a opressão é grande". Essa é uma visão bastante superficial da intercessão, orientada pela superênfase na batalha, quando deveríamos enfatizar a vitória. Em vez de chamar intercessores por conta do tamanho da opressão, por que não os acionar sabendo que a promessa é grande? Por que ainda somos mais reativos aos ataques do que proativos para buscar por bênçãos?

Certa vez, participei de uma reunião com os ministérios de jovens de diversas igrejas para planejar uma ação conjunta. Enquanto estávamos juntos, de repente anunciaram: "Os intercessores chegaram. Vamos pedir para que orem abençoando o projeto". Então a porta se abriu e um grupo de senhoras entrou. Todas estavam sérias, com a cara fechada e cheirando à óleo de unção. Imediatamente a atmosfera do lugar ficou pesada. Parecia que estávamos assistindo a uma marcha fúnebre passando pela sala, não tínhamos mais liberdade alguma para demonstrar empolgação pelo projeto. Essa cena me deixou bastante indignado.

Afinal, como podemos ser chamados de intercessores se estamos olhando mais para um lado ruim do que para o bom? Como permitir que não sejamos conhecidos pela alegria, esperança e amor, sendo que o nosso dever é permanecer junto ao trono de Deus, ouvindo o Seu coração e trazendo-o à realidade aqui na Terra?

A verdade é que "[...] na tua presença há fartura de alegrias; à tua mão direita há delícias perpetuamente" (Salmos 16.11 – ACF). Desse modo, se estamos de fato vivendo diante do Trono e habitando em Sua presença, o resultado não pode ser outro senão sermos tomados por tudo que existe nesse Reino, independentemente da situação que vivemos aqui na Terra. Chegou o momento de entendermos de qual lugar estamos praticando a nossa intercessão. Precisamos abrir mão de certas práticas religiosas aprendidas anteriormente e, assim, mergulhar com mais profundidade em uma jornada única com o Espírito Santo.

Logo, estamos falando sobre uma mudança de mentalidade. Reforço meu respeito para com os ministérios aplicados à batalha espiritual e aqueles que dedicaram suas vidas para isso. Sou grato porque essas pessoas pagam um preço e hoje somos abençoados por suas conquistas. Mas, também, entendo que esse é um chamado específico e que não se aplica necessariamente a 100% das pessoas.

À medida que crescemos e amadurecemos em nossa jornada de oração e intercessão, compreendemos melhor as particularidades que essas práticas nos reservam. Essa mudança de mentalidade fica clara e se torna urgente quando entendemos as diferentes regiões espirituais existentes. Em outras palavras, a Bíblia nos mostra que Deus criou não apenas o céu, mas sim os céus, no plural (cf. Gênesis 1.1, Gênesis 2.1, Gênesis 2.4). Isso significa que existem diferentes regiões que comumente chamamos de céu. Nós estamos inseridos em um ambiente físico, chamado de primeiro céu. Também estamos debaixo da influência e atividade de regiões celestiais, que são o segundo e o terceiro céus. Entender isso de forma prática irá revolucionar a sua vida.

O primeiro céu é o que podemos ver com nossos olhos naturais. É a região atmosférica natural onde estão as nuvens, por onde os pássaros voam e no qual estão outros integrantes do Universo, como as estrelas e a Lua. Esse ambiente também tem uma implicação no mundo espiritual. Além disso, representa o plano físico de nossas vidas. É para isso que Apocalipse 21.1 aponta:

> Então vi novo céu e nova terra, pois o primeiro céu e a primeira terra haviam passado; e o mar já não mais existia.

O segundo céu é retratado como uma região celestial onde habitam seres espirituais: "Porquanto, nossa luta não é contra seres humanos, e sim contra principados e potestades, contra os dominadores deste sistema mundial em trevas, contra as forças espirituais do mal nas regiões celestiais" (Efésios 6.12). Também lemos sobre esse ambiente em Apocalipse 14.6: "Observei outro anjo, que voava pelo meio do céu e portava nas mãos o Evangelho eterno para anunciar aos que habitam na terra, a toda nação, tribo, língua e povo". O problema que observo nesse caso é que o termo grego *mesouranema*, que significa "meio céu" ou "o céu do meio", foi traduzido para o português como "meio do céu", de forma que o entendimento de que existe uma região espiritual, situada entre o terceiro e o primeiro céu, foi impedida. No entanto, trata-se de um lugar caracterizado por uma intensa atividade, tanto angelical como demoníaca.

Já o terceiro céu é local onde encontra-se o trono de Deus. Essa região também é conhecida como "paraíso". Acerca disso, Paulo relata uma experiência muito forte, a qual muitos estudiosos defendem que foi vivida por ele mesmo. O apóstolo diz em 2 Coríntios 12.2-4:

> Conheço um homem em Cristo que há catorze anos foi arrebatado ao terceiro céu. Se foi no corpo ou fora do corpo, não entendo exatamente, Deus o sabe. Mas sei que esse homem, se isso ocorreu no corpo ou fora do corpo, não sei, mas certamente Deus o sabe, foi arrebatado ao paraíso e ouviu palavras inexprimíveis, as quais não é concedido ao homem comentar.

Trata-se do lugar onde todos nós desejamos estar, onde somos bem-vindos através do sangue de Jesus, como está escrito:

> Deu-nos vida com Cristo, estando nós ainda mortos em nossos pecados, portanto: pela graça sois salvos! Deus nos ressuscitou com Cristo, e com Ele nos entronizou nos lugares celestiais em Cristo Jesus. (Efésios 2.5-6)

Com isso, entendemos que Ele nos vivificou, nos justificou por Sua graça e nos fez ressuscitar. Da mesma maneira, também nos faz assentar em lugares celestiais em Cristo Jesus. Confie em mim: a partir do momento em que temos essa revelação, nossa vida de oração é completamente transformada, assim como a nossa perspectiva sobre as coisas desta vida. Isso não se dá por conta de nossas obras, mas pela graça do Senhor.

Sendo assim, embora nosso corpo natural esteja aqui, posicionado no primeiro céu, nosso espírito já se encontra em lugares celestiais a partir do momento em que recebemos a Jesus como Senhor e Salvador de nossas vidas. Note que Paulo não diz aos efésios que eles terão acesso a esse lugar somente quando Cristo voltar, ele também não afirma que antes da queda do homem, no Éden, eles encontravam-se lá. O verbo está no presente e o poder para acessarmos esse lugar também é para hoje.

# E NA PRÁTICA, COMO ISSO MUDA A NOSSA VIDA?

Sabendo que em Jesus passamos a acessar lugares celestiais, ou seja, o terceiro céu. É desse lugar que nossa oração deve sair, com uma perspectiva divina. No entanto, sem esse entendimento, nós nos limitaremos a interceder considerando apenas o primeiro e o segundo céus, como alguns fazem. Irei falar sobre esses casos a seguir.

Considero ser um intercessor de primeiro céu aquele que só ora por coisas que seus olhos enxergam. De forma que é limitado a condições naturais. Além disso, suas orações são influenciadas por aquilo que ele acha que Deus deveria fazer naquela situação, por suas opiniões acerca do que ele acredita ser o melhor caminho.

Desse modo, sua oração costuma ser sempre comportada e extremamente reativa, ou seja, apenas responde a ataques e problemas. Por exemplo, ao saber que um familiar se encontra doente, ora para que ele encontre um bom médico, possa tomar bons remédios e para que seu corpo se recupere rapidamente. Contudo, não declara a cura sobrenatural com autoridade. Ele até reconhece que Deus pode operar milagres, mas fica muito preocupado com os processos desta vida, e sua oração acaba sendo voltada para como esse processo acontecerá, em vez de entregar a causa nas mãos do

Senhor, acreditando que Ele fará da melhor maneira possível. Alguns chegam até a dar dicas para Deus sobre como determinada situação deve ser resolvida, de acordo com as suas próprias vontades, como se Ele precisasse de sugestões, ou de um "empurrãozinho".

Quanto ao que chamo de intercessor de segundo céu, seria aquele que permite interferência sobrenatural em sua oração. No entanto, volta-se somente para a batalha espiritual. Ele é viciado em expulsar e repreender demônios, e faz isso em toda e qualquer situação. Para essa pessoa, tudo gira em torno de uma constante guerra entre o bem e o mal. Se alguém toma uma chuva e fica resfriado, ele logo pensa em expulsar o espírito de enfermidade. Em uma conferência, ele acredita que há um espírito do sono atormentando a muitos, e logo intercede repreendendo-o; sendo que, na verdade, trata-se apenas de pessoas que comeram uma boa quantidade de feijoada no almoço e agora tentam prestar atenção no culto apesar da sonolência.

Esse tipo de intercessor é famoso por revelar pecados, expulsar demônios e dar ordens de comando ao mundo espiritual o tempo todo. Raramente ouviremos uma oração de adoração, ou uma palavra doce de agradecimento vindo de sua parte. Também é difícil que ele se encontre desfrutando de um momento em silêncio, apenas contemplando a presença de Deus. Ele costuma ser sempre muito ativo. Porque, como o inferno não para, acredita que também não deve parar em momento algum. Mesmo quando tudo está indo muito bem, já fica desconfiado e se prepara para uma batalha espiritual, dizendo: "Com certeza o Diabo não está feliz com essa calmaria, logo fará algo contra nós".

Infelizmente, esse se tornou o padrão de intercessão para muitos cristãos, em especial no Brasil e na América Latina. Creio que isso ocorreu por três razões: primeiro, porque realmente enfrentamos uma luta bastante grande e muito próxima no âmbito espiritual de nosso continente, isso, porque temos raízes demoníacas enrustidas e profundamente infiltradas em nossa cultura. A segunda razão seria o fato de termos sido ensinados dessa maneira ao longo de muitos anos. Já o terceiro motivo, acredito que seria porque fazer uma "oração de guerra" é algo que demanda menos sacrifício do que uma oração de entrega. É mais fácil levantar a voz e amarrar vários demônios do que nos prostrarmos, quebrantarmos e reconhecermos nossas fraquezas. Entretanto, é justamente esse o caminho que deveríamos fazer para que o Espírito Santo nos revele o que precisa ser tratado em nosso espírito ou em nossa alma.

Por fim, o intercessor de terceiro céu seria aquele que se coloca como atalaia, isto é, ele contempla de perto, vê com os próprios olhos o que Deus está fazendo, e a partir disso, anuncia aos demais. É justamente sobre ele que Palavra relata em Isaías 52.8:

Eis a voz dos teus atalaias! Eles alçam a voz, juntamente exultam; porque olho a olho verão, quando o Senhor fizer Sião voltar. (ACF)

Ou seja, enquanto o restante do povo apenas ouve o grito do *atalaia*, ele está junto ao Senhor, observando-O e contemplando-O diretamente. Ele tem intimidade com Deus, e habita em Sua companhia.

Um intercessor que entende o fato de estar assentado em regiões celestiais em Cristo, reconhece também que o ponto de origem e o destino final de sua oração é o terceiro céu, pois ele está nesse lugar. Logo, a sua perspectiva deixa de ser terrena e limitada às circunstâncias naturais (primeiro céu) e ele passa a ter uma visão celestial sobre a realidade, ou seja, vê de forma privilegiada. Todos nós, filhos e filhas de Deus, precisamos entender que esse é o nosso lugar. Assim perceberemos que em Jesus enxergamos o mundo de cima para baixo, e não o contrário.

Para mim, o maior e melhor exemplo disso está retratado em Daniel 10. Além de ser um daqueles episódios poderosos – que talvez você, assim como eu, também gostaria de presenciar ao chegar no céu – ele relata o que ocorre no mundo espiritual quando oramos ao Senhor.

Resumidamente, o que aconteceu foi o seguinte:

- Daniel se posicionou e se consagrou para buscar a face de Deus.

- O Senhor enviou um mensageiro para levar uma resposta para Daniel.

- O mensageiro que estava no terceiro céu foi impedido de chegar ao segundo céu por um principado.

- Deus enviou o Arcanjo Miguel para lutar contra o principado da Pérsia e libertar o mensageiro Gabriel.

- A resposta de Deus finalmente é entregue a Daniel, que durante esse processo estava em jejum e oração.

No terceiro ano de Ciro, imperador persa, Daniel, também conhecido por Beltessazar, em aramaico, recebeu uma revelação divina. A profecia era verdadeira e falava de tempos hostis e guerras. Na visão que teve, ele compreendeu bem a mensagem que segue: Eis que naqueles dias, eu, Daniel, estava chorando por três semanas inteiras. Não comi nada que me parecesse agradável, nem carne nem vinho entraram na minha boca, nem me ungi com óleo, até que se cumpriram as três semanas completas. No dia vinte e quatro do primeiro mês, eu me encontrava em pé junto à margem de um grande e rápido rio, *Khiddekel*, Tigre. Olhei para cima, e diante de mim estava um homem vestido de linho, com um cinto de outro puríssimo na cintura. Seu corpo brilhava como o berilo e outras pedras preciosas; o rosto, iluminado como o relâmpago. Os olhos, como tochas acessas; os braços e as pernas reluziam como bronze polido, e sua voz soava forte e grave como o barulho das multidões. Só eu, Daniel, contemplei aquela visão; os homens que estavam na minha companhia não a conseguiram ver; foram acometidos de tanto pavor que fugiram apressadamente do local e se esconderam. Assim, fui deixado a sós, admirando aquela grande visão e me senti enfraquecido, trêmulo e muito pálido, e quase desfaleci por completo. Então, eis que ouvi a voz das palavras do anjo; e, ouvindo o som do que dizia, perdi os sentidos, entrei em um estado de êxtase, e caí de bruços com o rosto em terra. Em seguida, senti que a mão de alguém tocou em mim e me ajudou a levantar; mas meus joelhos e mãos tremiam muito. (Daniel 10.1-13)

Espero que você consiga perceber o quanto isso é poderoso e significativo! Por conta da disposição de Daniel em buscar a Deus, e humilhar-se perante Ele, suas orações causaram uma guerra no segundo céu entre um arcanjo e um principado. Da mesma maneira que essa "receita" funcionou para ele, também funciona para nós.

Contudo, atente-se para um ponto bastante importante nesse processo: Daniel não ficou preocupado com a intervenção do principado da Pérsia, muito menos com suas condições naturais, por mais que estas lhe trouxessem tristeza. Em vez de olhar para esses aspectos, ele escolheu permanecer buscando a face e a vontade de Deus.

A Bíblia não relata, mas consigo imaginar a oração de Daniel transparecendo-se a Deus, ao mesmo tempo em que se consagrava para conhecer Sua vontade e aproximar-se ainda mais de Seu coração. É justamente assim que um intercessor de terceiro céu se posiciona. Ele se prepara para a batalha espiritual, como também para vencer as circunstâncias terrenas com o poder do alto. No entanto, ele não desvia o foco de Jesus em momento algum. Não troca sua intimidade com Deus por nada, nem mesmo por uma aparente vitória espiritual. Inclusive, prefere gastar tempo buscando Jesus e Sua vontade, do que planejar formas naturais de resolver uma situação. Esse tipo de intercessor entende o poder da adoração para uma intercessão profética.

## COMO APLICAR A INTERCESSÃO DE TERCEIRO CÉU?

Para colocar em prática o que chamo de intercessão de terceiro céu, o primeiro passo é abrir mão de um paradigma reativo de oração e abraçar uma perspectiva vitoriosa. Portanto, jamais podemos nos esquecer que já somos mais do que vencedores (cf. Romanos 8.37) e que toda a autoridade nos Céus e na Terra pertencem a Jesus (cf. Mateus 28.18).

É com essa autoridade que Ele nos comissionou para propagar a mensagem da reconciliação, a qual é realizada por Jesus, como está escrito em 2 Coríntios 5.18: "Tudo isso provém de Deus, que nos reconciliou consigo mesmo por intermédio de Cristo e nos outorgou o ministério da reconciliação". Isso faz de nós intercessores *snipers* (atiradores de elite) em vez de "metralhadoras", isto é, aqueles que atiram para todos os lados na expectativa de ter acertado alguma coisa.

Somos chamados e capacitados pela graça de Deus para, assim como um *sniper*, nos posicionarmos aguardando o comando de nosso general. Estaremos prontos para, ao som de Sua voz, darmos um "tiro" certeiro de oração, que trará reconciliação entre pessoas, famílias, cidades e nações conforme o plano de Deus. Não temos pressa, muito menos desejo por reconhecimento. Não precisamos dessas coisas, mas encontramos nossa satisfação no Senhor.

Eu desafio você a analisar: será que sua vida de oração se parece mais com a do intercessor do primeiro, do segundo ou do terceiro céu? Caso você se identifique com os intercessores do primeiro ou segundo céus, pare por um momento e peça para que o Espírito Santo renove seu entendimento. Assim, também, que Ele reposicione seu coração de acordo com o d'Ele.

Para isso, você deve colocar em prática a adoração, a oração em línguas e a contemplação à face de Deus, seja em meio a qualquer situação que estiver vivendo. Lembre-se que, sim, somos um exército em guerra, no entanto agimos somente de acordo com estratégias celestiais e com os comandos que vêm do Senhor. É Ele quem vai à nossa frente e luta por nós.

# CAPÍTULO SETE
# ORGANIZANDO SUA VIDA DE ORAÇÃO

### PRA. EZENETE RODRIGUES

A oração é a chave da vitória. Ela é capaz de mover Céus e Terra, e é através dela que desenvolvemos conexão com Deus. Afinal, o Senhor escolhe ouvir de nós quais são nossas necessidades e espera que clamemos por Sua intervenção. Dessa maneira, é orando que damos liberdade para que Ele atue em nosso meio, como vemos no versículo a seguir. "Com toda a certeza vos asseguro que tudo o que ligardes na terra terá sido ligado no céu, e tudo o que desligardes na terra terá sido desligado no céu" (Mateus 18.18).

Por isso, quando nos mantemos em oração, começamos a perceber o que o Espírito Santo quer realizar em nós e através de nós em cada situação. Exemplo disso foi uma vez em que eu ia a passeio para a Alemanha junto com um grande grupo de pessoas, cerca de trinta ao todo. De repente, comecei a sentir uma angústia em relação àquela viagem. Foi quando chamei uma amiga e lhe contei o que estava sentindo, assim decidimos orar. Eu perguntava a Deus se havia algo de errado com a aeronave em que estávamos, e declarava: "Senhor, esse avião não sairá do solo a menos que esteja funcionando perfeitamente".

Então, o embarque começou a ser realizado, e eu continuei a orar, dizendo: "Se eu entrar nesse avião, e ele sair do solo, poderei descansar, porque creio que o Senhor está no comando". Quando aproximadamente metade das pessoas já havia entrado na aeronave, anunciaram que todos deveriam descer do avião, pois haviam detectado um problema elétrico. Em virtude disso, fomos direcionados a um hotel.

No dia seguinte, perguntei ao responsável pela viagem se ele estava em paz com aquele passeio. Ele me disse que, na verdade, também não se sentia bem ao pensar sobre a viagem, por isso desmarcamos nossa ida à Alemanha e fomos ao Rio de Janeiro. Lá desfrutamos de um tempo muito bom e cheio da presença de Deus, sentimos paz e tivemos um voo tranquilo.

Através desse testemunho, consegue perceber a importância de nos mantermos vigilantes e em oração? Muitas vezes, temos alguma impressão ou sensação de que algo ruim está acontecendo. Quando nos sentimos assim, pode ser que o Espírito Santo esteja nos direcionando a perceber alguma coisa. Por isso, ore perguntando ao Senhor o que Ele pensa sobre cada situação em que você estiver e fique sensível para ouvir a Sua resposta. Porém, é importante lembrar que não se trata de orar dizendo a Deus o que Ele deve fazer, pois uma pessoa realmente fiel, temente e comprometida com Ele apresenta-lhe as dificuldades e logo pergunta qual é a Sua vontade para aquela circunstância.

No entanto, além de vigiar e orar constantemente, é fundamental adquirirmos o hábito de reservar um tempo especialmente para a oração, assim desenvolveremos essa prática e nos aprofundaremos em intimidade com Deus. E isso não deve ser feito de qualquer maneira, mas de acordo com o que a própria Palavra nos orienta.

## ORAÇÃO

Existem diversos mitos referentes à prática de oração. Alguns acreditam que se não virmos um anjo, uma forte luz brilhar, ou se não ouvirmos de modo audível a voz de Deus não estamos orando de verdade. Entretanto, não se trata de um momento de ocorrências sobrenaturais – embora elas possam acontecer – mas de exercermos nossa fé, isto é, crermos que o Senhor nos escuta e fala conosco mesmo que Ele não Se manifeste fisicamente. Assim como diz a Palavra: "Ora, a fé é a certeza de que haveremos de receber o que esperamos, e a prova daquilo que não podemos ver" (Hebreus 11.1).

Na verdade, a fé é um pré-requisito para a oração. Mas esta é uma prática de cultivo de intimidade e comunhão com o nosso Deus. E a Bíblia nos ensina a fazer isso da seguinte maneira:

> Tu, porém, quando orares, vai para teu quarto e, após ter fechado a porta, orarás a teu Pai, que está em secreto; e teu Pai, que vê em secreto, te recompensará plenamente. E, quando orardes, não useis de vãs repetições, como fazem os pagãos; pois imaginam que devido ao seu muito falar serão ouvidos. Portanto, não vos assemelheis a eles; porque Deus, o vosso Pai, sabe tudo de que tendes necessidade, antes mesmo que lho peçais. (Mateus 6.6-8)

De acordo com o texto de Mateus, nosso tempo de oração deve acontecer em secreto. Esse é um momento reservado, em nosso quarto, ou seja, um lugar de intimidade, que não é habitado por qualquer pessoa.

Ali, em um ambiente íntimo, de comunhão, começamos a desenvolver um relacionamento com Deus. A cada conversa, abrimos mais nosso coração a Ele, ouvimos o que Ele tem a nos dizer, e assim também passamos a conhecê-lO melhor. Aos poucos, descobrimos mais de Sua essência, o que Lhe agrada, o que Ele mais ama, Sua maneira de pensar e Seus segredos. Dessa maneira, construímos uma relação de amizade com o Senhor, como está escrito: "Já não vos chamo servos, porque o servo não sabe o que faz seu senhor; mas Eu vos tenho chamado amigos, pois tudo o que ouvi de meu Pai Eu compartilhei convosco" (João

15.15). Logo, nosso momento de oração é um tempo que investimos na amizade com Deus.

Talvez você se lembre de quando estava começando a se relacionar com uma pessoa que depois veio a se tornar uma amiga íntima. Possivelmente, a princípio, você tinha uma impressão baseada no que ouvia a respeito dela, mas a partir do momento em que começou a passar tempo em sua companhia, conheceu-a melhor, e descobriu quem ela é de verdade. O mesmo acontece quando investimos tempo em oração, pois o nosso Deus é uma pessoa com quem podemos estar junto. Ele fala conosco, nos ouve e deseja ser conhecido por nós.

Contudo, algo importante sobre esses momentos com o Senhor é que a quantidade de tempo que ficamos em nosso quarto, orando, não é o ponto mais relevante, e sim a qualidade dessa comunhão. Desse modo, quando for orar, desligue o celular e procure não se distrair com nada. Trata-se de um período de diálogo, portanto, para que possamos falar e ouvir com clareza, é fundamental que não haja interferências. Assim, à medida que intensificamos nosso relacionamento e priorizamos essa comunhão, desenvolvemos com Deus níveis cada vez mais profundos de intimidade.

O segundo ponto que destaco na passagem de Mateus 6 é que, ao orar, além de desfrutarmos do privilégio de estar na presença do Senhor – como está escrito: "Tu me fizeste conhecer o caminho da vida, a plena felicidade da tua presença e o eterno prazer de estar na tua destra" (Salmo 16.11) –, existe ainda outra alegria: "[...] e teu Pai, que vê em secreto, te recompensará plenamente" (Mateus 6.6).

Isso acontece quando passamos a apresentar tudo para o Senhor. Nossas questões pessoais; os desafios que vivemos em nosso dia a dia, sejam eles em nossas famílias, na escola, faculdade, trabalho ou no ministério; nossos sonhos, desejos e planos... Assim, nunca devemos parar de contar tudo que nos diz respeito para Deus e de buscar o que Ele tem para nós em cada situação. Conforme recebemos respostas para nossas orações, ficamos motivados a pedir por novas direções do Senhor para nossas vidas.

Além disso, fazer as petições conhecidas por Deus é uma orientação bíblica, como está escrito em Mateus 7.7-8: "Pedi, e vos será concedido; buscai, e encontrareis; batei, e a porta será aberta para vós. Pois todo o que pede recebe; o que busca encontra; e a quem bate, se lhe abrirá". No entanto, precisamos tomar alguns cuidados com isso. O primeiro deles é avaliar a motivação de nosso coração ao orarmos, pois o Senhor dispõe de abundantes recompensas aos que O buscam, mas não existe presente maior do que poder desfrutar de Sua companhia. Outra questão para a qual devemos nos atentar é que possivelmente não receberemos o que pedimos, justamente porque temos um Pai bom, que sabe exatamente o que é melhor para nós.

O terceiro ponto que destaco da passagem de Mateus 6 está no início do verso 7: "E, quando orardes, não useis de vás repetições [...]". Isso significa que precisamos cuidar para que nossas orações não se tornem automáticas. Até porque, se orarmos de maneira repetitiva, superficial ou muito abrangente, nossa conversa com Deus fica sem sentido. Como, por exemplo, quando nos sentamos à mesa para comer, e a maioria das pessoas faz a mesma oração todas as vezes: "Senhor, obrigada pela comida, abençoe as mãos que prepararam, em nome de Jesus, amém!". Por mais que o conteúdo seja válido, acabamos nem pensando mais no que estamos dizendo e, simplesmente, repetimos algo que ouvimos.

Tendo isso em mente, devemos ser específicos e claros ao orar. Por mais que conversemos todos os dias com Deus sobre as mesmas coisas – pois existem as petições rotineiras, como a que fazemos por nossas refeições, nosso dia, ou por nossa noite de sono –, não podemos fazer isso de forma vaga. Então, seja claro sobre a situação (se é hora do jantar, almoço ou café da manhã, por exemplo); abençoe os cozinheiros colocando seus nomes em oração; e leve em consideração as necessidades específicas de cada momento. Você pode também agradecer o prato servido, afinal cada refeição tem um sabor especial de que você pode desfrutar, e isso é um privilégio dado por Deus. Assim, nossas orações deixam de ser uma simples repetição para tornar-se algo sincero e único.

Para isso, é necessário contar com a ajuda do Espírito Santo, pois Ele habita em nós e nos ensina a orar de acordo com a perfeita vontade de Deus. Prova disso é o que Paulo diz em sua carta aos romanos:

> Do mesmo modo, o Espírito nos auxilia em nossa fraqueza; porque não sabemos como orar, no entanto, o próprio Espírito intercede por nós com gemidos impossíveis de serem expressos por meio de palavras. E aquele que sonda os corações conhece perfeitamente qual é a intenção do Espírito; porquanto, o Espírito suplica pelos santos em conformidade com a vontade de Deus. Somos mais que vencedores. (Romanos 8.26-27)

Por fim, lembre-se de que nosso Pai conhece todas as nossas necessidades, mas deseja ouvir de nós, pois quando colocamos nossos pedidos diante d'Ele, damos-Lhe liberdade para que faça tudo de acordo com Sua vontade. Além disso, toda oração nos aproxima de Deus, e é exatamente isso que Ele anseia: estar junto a nós.

## DICAS PRÁTICAS PARA A ORAÇÃO

Ao passar tempo orando, sugiro que você registre suas experiências com o Senhor. Anote seus sonhos proféticos, propósitos que fez com Ele e as revelações que lhe foram dadas. Seja em um caderno ou algum dispositivo eletrônico, escrever irá ajudá-lo a compreender o que ouviu de Deus, além de possibilitar que você se lembre de Suas palavras.

Você também pode fazer da Bíblia sua oração. Para

isso, deixo aqui alguns textos que podem ajudá-lo, como Salmos 139, que eu costumo orar frequentemente. Essa passagem começa dizendo: "SENHOR, tu me sondas e me conheces!" (v. 1). Em muitos momentos, essas são exatamente as palavras que nosso coração anseia dizer a Deus.

Além disso, leia o mesmo texto em várias versões. Assim, poderá encontrar aquela que mais fala ao seu coração. Por exemplo:

> Ó Senhor Deus, tu me examinas e me conheces. (Salmos 139.1 – NTLH)
>
> Ó Senhor, tu examinas meu coração e conheces tudo a meu respeito. (Salmos 139.1 – NVT)

Outros textos que deixo como sugestão para oração são: Salmos 26, 32 e 51. Estes nos levam ao quebrantamento e arrependimento. Indico também que você programe seu celular para despertar várias vezes ao dia. Cada vez que ele tocar, declare um texto da Palavra, faça uma oração ou cante um louvor. Assim, você estará ativando sua comunhão com Deus, e isso o levará à santidade, e consequentemente à intimidade.

Finalmente, adquira a prática de orar ao sair de casa. Nós precisamos pedir ao Senhor que envie anjos para nos acompanhar, já que a Palavra diz que eles acampam ao nosso redor para nos livrar e nos guardar:

"Porque a seus anjos Ele dará ordens a teu respeito, para que te guardem em todos os teus caminhos" (Salmos 91.11).

## JEJUM

Ao lermos sobre a vida de Neemias e a de Daniel, percebemos algo em comum entre os dois: diante dos conflitos e desafios, eles sempre jejuavam. É exatamente sobre essa postura de Neemias que a Palavra relata: "Tendo ouvido estas palavras, assentei-me e chorei, e lamentei por alguns dias e estive jejuando e orando ao Deus dos céus" (Neemias 1.4 – ARA). Daniel fez a mesma coisa enquanto passava por um dos maiores desafios de sua vida. E foi assim que se tornou um dos homens mais sábios e inteligentes de sua época. Recomendo que você leia todo o livro de Daniel, com certeza irá edificá-lo bastante.

Diante disso, o propósito do jejum é a nossa edificação. Ao praticá-lo, somos fortalecidos no espírito, santificados, e, assim, nos aproximamos do Senhor. Trata-se de um período de consagração, por isso não deve ser feito de qualquer maneira. Precisamos nos preparar em oração para recebermos as direções de como realizá-lo.

Apesar de precisarmos de alguns cuidados em relação ao jejum, não se trata de algo tão complicado de se fazer. Muitas vezes, temos dificuldade de jejuar porque declaramos que será difícil antes mesmo de o iniciarmos. Dizemos que passaremos mal, que não aguentaremos muito tempo sem comer ou com restrição de alguns alimentos. A lista de desculpas e justificativas que inventamos para não jejuar é imensa. Em razão das nossas limitações, até mesmo para realizarmos esse período de consagração precisamos de uma direção divina. É Deus quem deve nos orientar nesse processo, e Ele mesmo irá nos sustentar.

Além disso, tudo parte da motivação e da necessidade. Por exemplo, costumo dizer que, quando estamos doentes e precisamos fazer um exame de sangue em jejum, nós temos de nos submeter. Ou seja, muitas vezes fazemos coisas difíceis simplesmente porque precisamos. Sendo assim, comece a orar para que você sinta mais necessidade de Deus, e tenha mais fome e sede por Sua presença. Ele responderá através de situações e circunstâncias que o levarão a buscá-lO mais, inclusive por meio do jejum.

## DICAS PRÁTICAS PARA O JEJUM

Se você não tem costume de jejuar, pode praticar deixando de comer alguns alimentos que gosta muito. Por exemplo: doces, refrigerante, carnes e coisas semelhantes. Durante um tempo, talvez sete dias, deixe de comer essas delícias em consagração ao Senhor. Outra forma de treinar seu corpo e sua mente para o jejum é passar um período de seis horas sem se alimentar e depois, gradativamente, doze horas, até que você consiga ficar um dia inteiro sem comer nenhum alimento.

Porém, algo que precisamos ter em mente é que o jejum não é apenas uma dieta, e sim uma separação para você falar com Deus e ouvi-lO. Por isso, é essencial que você comece seu jejum dedicando um tempo para orar em secreto. Tanto o início como a entrega final do jejum precisam ser acompanhados com oração e meditação na Palavra.

Dentro disso, uma boa sugestão é fazer o jejum de Daniel durante doze dias. Para realizá-lo, você só comerá frutas, verduras, legumes e grãos nesse período, abstendo-se de carnes e alimentos derivados de animais. A cada dia, durante esse jejum, leia um capítulo do livro de Daniel e medite nele, registrando o que Deus falar ao seu coração. Também, assim como Daniel, ore várias vezes ao dia. Tenho certeza de que será uma experiência inesquecível e sobrenatural.

Nosso Deus é um Pai que nos ama e se importa conosco. Ele deseja participar de todos os nossos dias e de cada detalhe de nossas vidas. Mas, também, é educado e espera ser procurado por nós. É justamente por esse motivo que deve haver uma iniciativa de nossa parte por buscá-lO e nos consagrar a Ele.

# INTERCESSÃO

Quanto à intercessão, é bastante comum colocarmos a vida de pessoas importantes e significativas para nós diante do Senhor. Intercedemos por muitos, mas, diversas vezes, deixamos nós mesmos de lado, como se não precisássemos de oração. Porém, devemos nos lembrar de sempre colocar nossas próprias vidas diante do Senhor, para que Ele possa nos confrontar em verdade e amor. Ao fazer isso, também podemos ouvi-lO falar sobre Seus pensamentos a nosso respeito.

Portanto, sugiro que, primeiramente, você ore por si mesmo(a), isto é, antes de qualquer coisa, seja seu próprio intercessor. Afinal, como podemos interceder por outras pessoas ou situações se não fazemos isso por nós mesmos?

Então, ao orarmos por nossas vidas e por outras pessoas, alcançamos um nível mais profundo e maduro de relacionamento com o Pai. Conforme fazemos isso, deixamos de nos preocupar apenas com nossas vontades e passamos a clamar para que aquilo que está na mente de Deus seja realizado. Assim, começamos a conectar a Igreja, nossa cidade, estado, nação e todos os outros países aos planos do Senhor, tudo através de nossa oração. Clamamos conforme Mateus 6.10: "Venha o teu Reino. Seja feita a tua vontade, assim na terra como no céu".

Em consequência, passamos a colidir violentamente contra o reino das trevas, pois através do nosso quebrantamento, o Senhor traz estratégias de como devemos orar para desfazer as obras do Inferno. Somos capacitados pelo Espírito Santo para liberar aqueles que estão presos em grilhões e cativeiros, como o medo, a ansiedade, o orgulho, a depressão e todo pecado que destrói o homem e o aparta de Deus. O Senhor também nos leva a discernir os planos do nosso adversário, e nos entrega armas espirituais para que nos posicionemos como guerreiros nessa batalha.

> Porquanto, nossa luta não é contra seres humanos, e sim contra principados e potestades, contra os dominadores deste sistema mundial em trevas, contra as forças espirituais do mal nas regiões celestiais. Por esse motivo, vesti toda a armadura de Deus, a fim de que possais resistir firmemente no dia mau e, havendo batalhado até o final, permanecereis inabaláveis, sem retroceder. (Efésios 6.12-13)

Desse modo, compreendemos que nossa posição na batalha é de total dependência do nosso general, o Senhor dos Exércitos, pois é Ele quem luta por nós.

> Àquele que é poderoso de realizar infinitamente mais do que tudo o que pedimos ou imaginamos, de acordo com o seu poder que age em nós, a Ele seja a glória na Igreja e em Cristo Jesus, por todas as gerações, por toda a eternidade. Amém! (Efésios 3.20-21)

Além do mais, o amor é o pilar mais forte da intercessão. Sem ele é impossível interceder, pois é ele que sustentará o intercessor. Baseados no amor de Deus, temos ousadia para romper barreiras e nos posicionar como conquistadores das vitórias que o Senhor tem preparado para nós. Movidos pelo amor, nosso coração se enche de compaixão – o mesmo sentimento que motivava Jesus a servir a multidão, curando enfermos, libertando os endemoniados e ressuscitando os mortos (cf. Mateus 14.14).

Não é algo fácil, especialmente quando se trata de amar nossos inimigos, aqueles que nos fazem mal. Portanto, precisamos ter um coração perdoador, limpo de mágoas e ofensas, e é Deus quem faz isso por nós. Mas, uma vez que temos intimidade com o Espírito Santo, Ele tem liberdade para atuar em nós, e assim nos tornamos mais parecidos com Ele. Somos cheios do Seu amor e passamos a interceder não somente por nós mesmos e pelas pessoas queridas, mas também por nossos inimigos.

## DICAS PRÁTICAS PARA A INTERCESSÃO

Se você deseja organizar um grupo de intercessão para orar na sua escola, no seu trabalho ou na igreja, é muito importante considerar os seguintes pontos:

- É necessário que você esteja debaixo da cobertura espiritual de alguém que seja autoridade sobre sua vida. Isso o protegerá. Essa pessoa pode ser seu pastor ou líder de célula.

- Se for realizar essa reunião na escola ou trabalho, você precisa de uma autorização da direção ou do encarregado da empresa ou do setor.

- Não se preocupe tanto em selecionar pessoas, o Senhor trará cada um. Cabe ao grupo apenas orar.

- Faça sempre duplas ou pequenos grupos de oração para que uns orem pelos outros, por suas famílias, saúde, finanças e outras causas.

- No caso de um grupo na igreja, faça escalas de oração e objetivos específicos.

- Seja qual for a causa pela qual estiver intercedendo, declare a vitória do Senhor, permaneça em oração até alcançá-la e, por fim, nunca deixe de agradecer.

O que não fazer:

- Intercessores não foram chamados para discutir problemas ou emitir qualquer tipo de opinião ou julgamento sobre pessoas. Fomos comissionados para orar, simples assim. Apenas o Senhor, através do Seu Espírito Santo, tem o poder de convencer e converter os corações.

- Também não cabe aos intercessores dar ordens ou direcionar pessoas a tomarem alguma decisão. Isso pode gerar confusão, e nem sempre todos têm maturidade para isso. Nosso desafio é levar as pessoas a buscar e depender de Deus, e não de nós.

- A Palavra de Deus nos orienta a fugirmos da "aparência do mal". Não faça grupos fechados, as chamadas "panelinhas". Sempre tenham prudência quanto à formação dos grupos de oração. Três pessoas por grupo, por exemplo, é uma boa iniciativa.

Modelos de listas de oração:

- Ore pela área espiritual, emocional, familiar, profissional e financeira de sua vida, também por seus sonhos e projetos.

- Ore por sua família. Se você é solteiro, ore por seus pais (ou responsáveis) e irmãos. Se for casado, ore por seu cônjuge e filhos, se tiver.

- Ore por sua liderança e por seus companheiros. No trabalho, pelos chefes, diretores ou coordenadores, colegas, e também pelo ambiente. Seja um intercessor que busca pela paz. Na igreja, ore por seus pastores e líderes, pelas pessoas que servem ao Senhor com você e pelos demais ministérios.

- Ore por seus vizinhos e por seu bairro. Há pessoas que moram em sua rua ou em seu prédio que precisam muito das suas orações. E não se esqueça das igrejas do seu bairro e de sua cidade.

- Ore pelas autoridades: vereadores, prefeitos, governadores e secretários de sua região, para que sejam sábios e atuem com o temor do Senhor. Ore pelo presidente da sua nação e seus ministros. Pelos poderes Executivo, Legislativo e Judiciário.

Nesse ponto, uma observação importante – pois muitas pessoas falham nisso – é que Deus não nos mandou orar por partidos ou ideologias políticas, mas por pessoas que Ele estabeleceu como autoridade. Devemos orar para que exerçam um governo justo.

> Antes de tudo, recomendo que se façam súplicas, orações, intercessões e ações de graças, em favor de todas as pessoas; pelos reis e por todos os que exercem autoridade, para que tenhamos uma vida tranquila e pacífica, com toda a piedade e dignidade. Isto é bom e agradável diante de Deus, nosso Salvador, o qual deseja que todas as pessoas sejam salvas e cheguem ao pleno conhecimento da verdade. (1 Timóteo 2.1-4)

- Ore pelas crianças, contra situações que geram morte e violência, como aborto e pedofilia.

- Ore pelos jovens, para que não se percam nas drogas e vícios. Mas que construam famílias saudáveis e tenham sucesso profissional e ministerial.

Você pode ampliar essa lista conforme avança em seu relacionamento com Deus. O próprio Espírito

Santo o direcionará. Todo começo parece difícil, mas, acredite, a intercessão é chave para o sucesso de qualquer área de sua vida, assim como das vidas das pessoas por quem você irá interceder.

## CAPÍTULO OITO

# DESCOBRINDO MINHA VISÃO

### PRA. EZENETE RODRIGUES

Existe um propósito para cada um de nós. Nossa existência não é em vão. Embora circunstâncias, como não termos sido planejados por nossos pais ou disfunções e diversos problemas em nosso lar, nos levem a pensar que não fomos desejados, isso definitivamente é uma mentira. Pelo contrário, Aquele que nos criou tem um sonho incrível para nossas vidas, mesmo que isso, às vezes, não fique tão claro para nós. Isso, porque situações terrenas não alteram realidades celestiais, ou seja, apesar de nossas dificuldades, é a Palavra de Deus que diz a verdade a nosso respeito:

> Porquanto, aqueles que antecipadamente conheceu, também os predestinou para serem semelhantes à imagem do seu Filho, a fim de que Ele seja o primogênito entre muitos irmãos. E aos que predestinou, a estes também chamou; e aos que chamou, a estes igualmente justificou; e aos que

justificou, a estes também glorificou. Hino de vitória: Deus é por nós. (Romanos 8.29-30)

Nós fomos planejados pelo próprio Deus para que tivéssemos um relacionamento com Ele como Seus filhos, sendo Jesus nosso irmão mais velho. Isso não é lindo? Esse é o primeiro e maior propósito de nossa existência, e é suficiente para entendermos que nossa vida é realmente preciosa e digna de altíssimo valor. Até porque Jesus Se entregou por ela, e Ele não morreria por algo que não amasse ou considerasse extremamente valioso. Assim, foi justamente para restaurar nossa relação com o Pai que Cristo suportou a cruz e venceu a morte.

Hoje, Ele vive à destra do Pai e intercede por nós constantemente (cf. Romanos 8.34). Por isso, podemos ser chamados de povo de Deus, e é através da vida, morte e ressurreição de Jesus que temos acesso ao Pai:

> Porém, vós sois geração eleita, sacerdócio real, nação santa, povo de propriedade exclusiva de Deus, cujo propósito é proclamar as grandezas daquele que vos convocou das trevas para sua maravilhosa luz. (1 Pedro 2.9)

Além disso, o versículo destaca que fomos incumbidos de anunciar a obra redentora de Cristo, a fim de que mais pessoas recebam também o espírito de adoção (cf. Romanos 8.15) e reconheçam a Deus como pai. Isto é, que possam encontrar-se com o Senhor assim como anteriormente nós fomos encontrados.

Então, Jesus aproximando-se deles lhes assegurou: "Toda a autoridade me foi dada no céu e na terra. Portanto, ide e fazei com que todos os povos da terra se tornem discípulos, batizando-os em nome do Pai, e do Filho, e do Espírito Santo; ensinando-os a obedecer a tudo quanto vos tenho ordenado. E assim, Eu estarei permanentemente convosco, até o fim dos tempos". (Mateus 28.18-20)

Essa é a grande comissão, aquilo que nós, que conhecemos Jesus, devemos fazer até que Ele venha. E a missão principal de nossas vidas é cumpri-la. No entanto, Ele também cuidou de planejar algo específico para que cada um de nós realize, de acordo com nossas habilidades, características pessoais, gostos e aptidões singulares. Nosso Deus sonha coisas grandes para Seus filhos, e tem planos lindos e significativos para nós. Seu desejo é que, junto com Ele, manifestemos o Reino celestial aqui na Terra.

Portanto, cabe a nós, através de um relacionamento pessoal e íntimo com Deus, descobrir qual é o Seu propósito específico para nossas vidas. Com toda certeza, os planos divinos excederão qualquer projeto que possamos criar sem Sua ajuda e orientação. Inclusive, nos farão mais felizes do que seríamos seguindo nossos próprios caminhos, uma vez que nossa mente é limitada, mas nosso Pai, que nos conhece plenamente em Sua infinita criatividade, reservou o melhor para nós. Prova disso é o que a Bíblia afirma em Jeremias 29.11:

> "Porquanto somente Eu conheço os planos que determinei a vosso respeito!", declara *Yahweh*, "planos de fazê-los prosperar e não de lhes causar dor e prejuízo, planos para dar-vos esperança e um futuro melhor".

Dentro disso, através de uma vida de oração constante, o Pai nos revelará tanto uma visão a longo prazo para nosso destino como qual será o próximo passo que devemos dar. Ele é um guia para os que buscam Seus caminhos. Entretanto, trilhá-los requer ousadia e fé. E é exatamente por conta de sua grandeza que os planos do Senhor requerem de nós depender totalmente d'Ele. Isso quer dizer que não precisamos nos limitar a sonhar de acordo com o que poderíamos fazer conforme nossas próprias forças ou recursos, pois é o Senhor mesmo Quem nos capacita e sustenta em tudo que for necessário. Consequentemente, uma visão que realmente vem de Deus necessitará do sobrenatural. Desse modo, nunca diga "eu não posso". Tire essas palavras do seu vocabulário. Pois a verdade é que podemos todas as coisas em Cristo Jesus, é Ele quem nos fortalece (Filipenses 4.13).

Entretanto, Ele me declarou: "A minha graça te é suficiente, pois o meu poder se aperfeiçoa na fraqueza". Sendo assim, de boa vontade me gloriarei nas minhas fraquezas, a fim de que o poder de Cristo repouse sobre mim. (2 Coríntios 12.9)

Jesus nunca nos desampara nem nos deixa sós, pois Ele vive dentro de nós e nos guia a toda verdade. Ele nos consola e encoraja para que não paremos no meio do caminho. E isso é tão crucial para nossa jornada com Ele, pois, muitas vezes, assumir o risco de dizer "sim" para os planos de Deus pode gerar em nós certa insegurança, já que estaremos constantemente saindo da nossa zona de conforto para viver algo maior. Isso, fora as dificuldades, crises e preocupações naturais que temos. De fato, se olharmos por uma perspectiva humana, viver pela fé não é algo tão simples. Mas é justamente esse o estilo de vida que o Pai planejou para nós. E mesmo quando tivermos dúvidas ou falharmos, Ele sempre estará disposto a nos orientar de acordo com a Sua vontade, que é boa, perfeita e agradável (cf. Romanos 12.2).

Mas para viver essa boa, perfeita e agradável vontade de Deus, é necessário confiarmos totalmente em Sua liderança sobre nossas vidas. Do contrário, ficaremos vacilando em nossa caminhada ao tentar entender ao pé da letra tudo o que Ele está nos propondo, em vez de assumir o risco de O seguir de forma incondicional e chegar precisamente onde Ele planejou para nós. E é a respeito disso que o princípio de sabedoria expresso em Provérbios 3 trata:

> Confia no SENHOR de todo o teu coração e não te apoies no teu próprio entendimento. Reconhece o SENHOR em todos os teus caminhos, e Ele endireitará as tuas veredas. (vs. 5-6)

Perceba que esse trecho relaciona dois verbos-chave para nos instruir sobre como seguir os caminhos do Senhor: confiar e reconhecer. Isso, porque essas duas atitudes estão intimamente relacionadas, uma vez que é impossível confiar em alguém que não conhecemos. E reconhecer nada mais é do que identificar aquilo que você já conhecia anteriormente em alguma situação. Logo, o que precisamos fazer, na verdade, é buscarmos o conhecimento de Deus o máximo que conseguirmos, para que seja cada vez mais fácil reconhecê-lO em tudo o que vivemos.

Você concorda que é muito mais fácil reconhecer alguém com quem convivemos do que uma pessoa com quem raramente nos relacionamos? Sendo assim, Deus precisa fazer parte de nossos dias, para que Seu caráter e Seus pensamentos moldem o curso de nossas vidas. E a melhor maneira para que isso seja feito, além da oração e da busca pela Sua presença, é através da Palavra, que contém inúmeras informações a respeito de quem é Deus. Ela nos ajudará todos os dias, trazendo cura, transformação e alinhamento.

Tua Palavra é lâmpada que ilumina os meus passos e luz que clareia o meu caminho! (Salmos 119.105)

Em razão disso, é a Palavra que nos capacita a ir adiante. Da mesma maneira que o alimento que mantém nossos corpos vivos e funcionando, ela sustenta nosso espírito e nutre a nossa alma, trazendo exatamente a força de que precisamos para não pararmos. Sabendo disso, a cada dia devemos buscar uma porção, e quanto mais tivermos fome, mais Ele nos dará. E como resultado, é na Palavra que encontraremos força para vencer nossas dificuldades.

Assim, uma estratégia muito interessante para amadurecermos e superarmos nossos obstáculos envolve diretamente a Bíblia. Mas, para isso, precisamos identificar quais são nossos problemas e buscar uma leitura específica daquilo que o Senhor nos deixou por escrito a respeito dos assuntos que mais nos afetam.

Para entender melhor essa dinâmica, imagine que você tenha sido diagnosticado com gastrite. Depois de algum tempo sendo examinado e investigando seus sintomas com acompanhamento médico, é muito provável que já saiba identificar os indícios dessa enfermidade. Então, se começa a senti-los, já saberá o que fazer: pegar a medicação adequada, indicada pelo especialista, e tomar imediatamente. Isso faz com que esse mal não prevaleça. Da mesma maneira é a Palavra, e o Senhor, o maior dos médicos. Portanto, uma vez que conhecemos nossas fraquezas, podemos prontamente recorrer a Ele, a fim de que nos dê a "medicação" adequada por meio das Escrituras.

A Palavra de Deus é tão rica que consegue nos libertar e curar por completo. Isto é, através dela, somos capacitados a vencer nossas inseguranças, incertezas, o medo e muitas outras dificuldades. Ela faz com que aquilo que tenta nos oprimir seja reduzido a nada. Trata-se da Verdade, e é o que deve prevalecer em nossas vidas, pois quando permitimos que entre em nossos corações e mentes, nós nos tornamos aptos para guerrear.

Por isso, aconselho a você que nunca deixe de tomar a sua "medicação", nem um dia sequer. Além disso, declare a Palavra, pois nossas declarações nos regem. Ao fazê-lo, você estará reconhecendo as verdades das Escrituras como uma realidade em sua vida, tornando-as parte de quem você é.

Com esses benefícios da Bíblia em mente, você já pode começar a experimentar a sua cura e transformação. Por exemplo, aqui está um antídoto para o medo, ansiedade, orfandade, rejeição e insegurança:

> Aquele que vive na habitação do Altíssimo e descansa à sombra do Todo-Poderoso desfrutará sempre da sua proteção. Sobre o Eterno declara: "Ele é meu refúgio e minha fortaleza, o meu Deus, em quem deposito toda a minha confiança". Ele te livrará do laço do inimigo ardiloso e da praga mortal. Ele te cobre com suas plumas, e debaixo

de suas poderosas asas te refugias; sua fidelidade é escudo e armadura. Não temas o terror que campeia na calada da noite, tampouco a seta que procura seu alvo durante o dia. Não temas a peste que se move sorrateira nas trevas, nem o demônio que devasta ao meio-dia. (Salmos 91.1-6)

Declare essas palavras, permita que elas mudem sua mentalidade. Entenda que é o Senhor, todo poderoso, quem guarda você, Aquele que o livra de todo mal e o mantém seguro.

Diante disso, posicione-se! Não aceite as tentativas de Satanás contra sua vida. Mas acredite que Deus é capaz de transformá-lo por completo, para que você se torne a melhor versão de si mesmo. Logo, seja qual for a sua dificuldade ou o mal que vem para atingi-lo e fazê-lo parar, lembre-se do que o Senhor diz a seu respeito: Você é o Seu filho(a) amado(a), e Ele o fortalecerá e fará de você um poderoso guerreiro.

Sim, a verdade é que estamos em meio a uma guerra, pois o Inimigo vem por todos os lados para nos atacar. A todo tempo, seu objetivo é nos destruir. Por isso, escolha receber do Céu as armas para lutar e vencer: "Pois as armas da nossa guerra não são terrenas, mas poderosas em Deus para destruir fortalezas!" (2 Coríntios 10.4). Deus nos revela essas coisas para que absolutamente nada neste mundo venha nos deter, pois foi Ele próprio quem nos enviou:

Ora, não te ordenei: Sê forte e corajoso? Não temas e não te apavores, porquanto *Yahweh*, o SENHOR teu Deus, está contigo por onde quer que andes! (Josué 1.9)

Se o próprio Deus nos enviou, nos encoraja, nos fortalece e nos promete a vitória, o que faremos a não ser confiar? É nossa atitude em meio às lutas que revela em que temos acreditado. Aquele que crê na Palavra do Senhor se posiciona como guerreiro, pois entende que não irá vencer batalha alguma com suas próprias forças, mas em Jesus. Um exemplo disso é o profeta Eliseu, que acalmou seu servo diante de uma guerra, dizendo: "Não tenhas medo! Porquanto são mais numerosos os que estão conosco que os que estão com eles" (2 Reis 6.16).

A razão pela qual Eliseu pôde ter essa postura é porque sabia exatamente qual era o seu lugar no Reino de Deus. Do mesmo modo, nós precisamos entender: nossa real posição é assentados em lugares celestiais em Cristo Jesus, assim como já vimos no capítulo seis deste livro. Este é o nosso lugar: "muito acima de toda potestade e autoridade, poder e domínio, e de todo nome que possa ser pronunciado, não somente nesta era, mas da mesma forma na que há de vir" (Efésios 1.21).

Portanto, onde quer que você esteja, seja guerreiro. Entenda que em momento algum o Senhor desamparará Seus filhos. Somos Sua família, e não estamos sós. Assim também temos uma família em Cristo, a

Igreja. Por isso, esteja disposto a orar por seus irmãos espirituais e procure alguém que faça o mesmo por você. Já que nossas orações são poderosas e certamente movem os Céus, trazendo transformação para a Terra. Por fim, lembre-se de que o Senhor separou algo específico para que você faça enquanto estiver aqui. Então, uma vez que Ele já houver revelado a você, em suas orações, seja diligente e faça o melhor com o que tem em suas mãos. Como os servos bons e fiéis sobre os quais está relatado em Mateus 25.14-30:

> Digo também que o Reino será como um senhor que, ao sair de viagem, convocou seus servos e confiou-lhes os seus bens. A um deu cinco talentos, a outro, dois e a outro, um talento; a cada um conforme a sua capacidade pessoal. E, em seguida, partiu de viagem. O que havia recebido cinco talentos saiu imediatamente, investiu-os, e ganhou mais cinco. Da mesma forma, o que recebera dois talentos ganhou outros dois. Entretanto, o que tinha recebido um talento afastou-se, cavou um buraco na terra e escondeu o dinheiro que o seu senhor havia confiado aos seus cuidados. Após um longo tempo, retornou o senhor daqueles servos e foi acertar contas com eles. Então, o servo que recebera cinco talentos se aproximou do seu senhor e lhe entregou mais cinco talentos, informando: "O senhor me confiou cinco talentos; eis aqui mais cinco talentos que ganhei". Respondeu-lhe o senhor: "Muito bem, servo bom e fiel! Foste fiel no pouco, muito confiarei em tuas mãos para administrar. Entra e participa da

alegria do teu senhor!"". Assim também, aproximou-se o que recebera dois talentos e relatou: "Senhor, dois talentos me confiaste; trago-lhe mais dois talentos que ganhei". O senhor lhe disse: "Muito bem, servo bom e fiel! Foste fiel no pouco, muito confiarei em tuas mãos para administrar. Entra e participa da alegria do teu senhor!". Chegando, finalmente, o que tinha recebido apenas um talento, explicou: "Senhor, eu te conheço, sei que és um homem severo, que colhe onde não plantou e ajunta onde não semeou. Por isso, tive receio e escondi no chão o teu talento. Aqui está, toma de volta o que te pertence". Sentenciou-lhe, porém, o senhor: "Servo mau e negligente! Sabias que colho onde não plantei e ajunto onde não semeei? Então, por isso, ao menos devíeis ter investido meu talento com os banqueiros, para que quando eu retornasse, o recebesse de volta, mais os juros. Sendo assim, tirai dele o talento que lhe confiei e dai-o ao servo que agora está com dez talentos. Pois a quem tem, mais lhe será confiado, e possuirá em abundância. Mas a quem não tem, até o que tem lhe será tirado. Quanto ao servo inútil, lançai-o para fora, às trevas. Ali haverá muito pranto e ranger de dentes". O juízo final.

Essa parábola diz respeito ao Reino dos Céus. Ela nos ensina o que fazer com o propósito que o Senhor confiou a cada um de nós para cumprir na Terra. Ou seja, com esse trecho bíblico, aprendemos que nossas decisões não podem ser baseadas no medo, como o servo negligente (v. 25). Pelo contrário, devemos ser ousados com o que recebemos de Deus, confiando em

Sua Palavra, pois ela nos sustenta e nos capacita a viver os Seus sonhos para nós.

Entretanto, isso requer obediência, fidelidade a Deus e, sobretudo, um relacionamento íntimo e constante com Ele. Ao nos tornarmos mais próximos do Senhor, percebemos que nossas limitações abrem espaço para a ação sobrenatural, e para os milagres que Ele opera em nós e através de nós.

Logo, se cremos que somos Seus filhos, como a Bíblia diz que somos, devemos cancelar a passividade em nossas vidas definitivamente e acreditar que somos guerreiros, pois haverá batalhas, lutas e dificuldades, e muitas vezes teremos medo, mas é o nosso Deus quem nos defende. Ele nos faz mais do que vencedores, e não somente nos protege, mas também luta por nós. Cabe a nós vigiar, orar e nos posicionar como filhos e filhas amados por nosso Pai eterno.

Outro ponto interessante sobre a parábola dos talentos é que o Senhor dá a cada um de nós algo diferente. Com isso, recebemos também uma estratégia distinta, de acordo com nosso propósito. Assim, Ele nos equipa com todas as habilidades, favor, e, especialmente, graça para atuar em determinadas áreas da sociedade. Seja para trabalharmos em escolas, hospitais, jornais, editoras, agências de publicidade; seja pintando quadros, compondo canções, confeccionando roupas, cozinhando, limpando ambientes, construindo prédios, aconselhando pessoas, ou, até mesmo, servindo o Corpo de Cristo na igreja. A cada um de nós, Ele dá graça, favor e capacidade para manifestar Sua glória através da sabedoria, beleza e da excelência.

Mas independentemente de qual seja nossa missão nesta Terra, nada é mais importante do que o amor do Pai por nós. Absolutamente nada que fizermos O levará a nos amar menos ou mais. Seu amor é abundante, perene e incondicional. Portanto, podemos servir ao Senhor, e interceder para que seja feita Sua vontade na Terra como é nos Céus (cf. Mateus 6.10), com plena conviccção de que já somos amados e aceitos. Nada pode nos afastar de Seu imenso e eterno amor.

> Quem nos separará do amor de Cristo? Será a tribulação, ou ansiedade, ou perseguição, ou fome, ou nudez, ou perigo, ou espada? (Romanos 8.35)

## CAPÍTULO NOVE

# DESTRAVANDO UMA REVOLUÇÃO

### HENRIQUE KRIGNER

No momento em que estamos vivendo, nada é mais urgente para o nosso país do que uma reforma. E a maneira mais efetiva de gerá-la e sustentá-la é através de um povo que ora e intercede. É justamente por esse motivo que essas são duas das chaves que precisam ser pregadas, ensinadas e explicadas em todas as igrejas brasileiras.

Hoje, temos visto um grande mover do Espírito Santo sobre o Brasil. Nunca testemunhamos tantas salvações, curas, encontros com o Senhor, visitações sobrenaturais e outras manifestações impactantes do poder divino como nestes dias. E isso é absolutamente indispensável para que possamos ver o Reino dos Céus ser estabelecido em nosso país.

No entanto, manifestações poderosas e sobrenaturais vividas de maneira coletiva não serão suficientes para conduzir uma nação à semelhança Jesus. Em outras palavras, se Deus está fazendo a parte d'Ele para que o avivamento aconteça aqui, está mais do que na hora de fazermos a nossa. É incoerente clamarmos pela vinda do Espírito Santo sobre nossas vidas se não estivermos nos preparando, ou ao menos disponíveis para que o Senhor nos capacite a viver aquilo que a Sua glória causará em nós e através de nós.

Isso, porque é somente quando somos fiéis e diligentes com o que Ele confiou a nós individualmente que as pessoas ao nosso redor também são impactadas. Ou seja, para transformar cidades e nações, temos de nos preparar para que aquilo que recebemos seja potencializado e frutifique. É acerca disso que Jesus trata em Mateus 5.15:

> Igualmente não se acende uma candeia para colocá-la debaixo de um cesto. Ao contrário, coloca-se no velador e, assim, ilumina a todos os que estão na casa.

Isso significa que a luz da nossa "candeia" é o que Deus tem derramado sobre a Igreja, mas a responsabilidade de se preparar e se posicionar para deixar essa luz brilhar é nossa.

Desse modo, precisamos assumir uma postura ativa como intercessores para trazer o avivamento e impactar a cultura. E um grande exemplo de como fazer isso se encontra na história do rei Josias, em 2 Crônicas 34 e 35, uma das passagens que mais me inspiram em toda a Bíblia. Recomendo fortemente a todos aqueles que acreditam no poder da oração para mudar o mundo que tomem um tempo para ler esses capítulos. Para resumir rapidamente, a narrativa desse governante é sobre a redenção de uma nação inteira através do temor e da fé de um único homem.

Com dezesseis anos, Josias se dedicou a buscar o Senhor a fim de romper a frieza espiritual que pairava sobre Israel desde os tempos de seu avô Manassés. Ao fazer isso, ele foi convencido pelo Espírito Santo do pecado de idolatria, e entendeu o quanto essa iniquidade estava afastando toda a nação dos propósitos de Deus. Então, deu início a um longo período de purificação em todo o reino de Israel e de Judá. Altares, ídolos e profetas idólatras foram completamente exterminados e reduzidos a pó (cf. 2 Crônicas 34.3-7). Josias provocou uma verdadeira reforma na maneira como seu povo se relacionava com Deus e entre si. Por isso, Ele foi considerado por muitos como o "último rei bom de Israel".

Estamos falando sobre um jovem de vinte anos que decidiu usar as ferramentas que tinha em suas mãos para ver todo um país se voltar ao Senhor. Isso é inspirador e confrontador ao mesmo tempo, pois nos faz pensar: de que forma eu e você temos aplicado o que Deus confiou a nós para expandir Seu reino? Será que utilizamos isso para trazer reforma e transformação à nossa nação? É muito provável que Josias ainda não soubesse o que estava por vir, mas sua determinação e obediência abriram caminho para que todos renovassem sua aliança com Deus.

Em seguida, após destruir os altares idólatras de Israel e Judá, Josias deu ordens para que o templo de Jerusalém fosse restaurado (cf. 2 Crônicas 34.8). Enquanto a sua estrutura era literalmente reconstruída, o sacerdote Hilquias encontrou o livro da lei de Deus, que trazia muitos princípios contra toda prática idólatra e ensinava o povo a viver de acordo com a aliança que havia feito anteriormente. Ao levarem esse livro para a profetisa Hulda, o Senhor confirmou o que estava escrito ali através dela, orientando que Israel abandonasse de vez a idolatria.

Essa revelação – à luz das Escrituras e confirmada por uma profetisa – fez com que os olhos do Rei Josias fossem abertos. Ele percebeu que apenas ter um coração voltado ao Senhor não seria suficiente para a transformação que Deus desejava para Seu povo, e também não bastaria impor leis em Judá que proibissem a adoração a outros deuses. A mudança esperada de Israel requereria que toda a nação renovasse sua aliança com Ele (cf. 2 Crônicas 34.23-28).

Então, prontamente Josias reuniu toda a população, do maior ao menor, e juntos, como nação, refizeram a aliança com o Deus de Israel:

> Ele tomou o seu lugar e, diante de *Yahweh*, estabeleceu uma aliança, comprometendo-se a seguir o SENHOR e obedecer

de todo o coração e de toda a alma aos seus mandamentos, aos seus testemunhos, aos seus estatutos, cumprindo zelosamente as palavras da Aliança escritas naquele Livro. Também fez com que todos os que estavam em Jerusalém e em Benjamim se comprometessem com o mesmo pacto; e todos os moradores de Jerusalém passaram a obedecer e a proceder de acordo com a Aliança de Deus, o Deus de seus antepassados. (2 Crônicas 34.31-32)

O impacto disso foi imenso. Não somente o Senhor afastou a Sua ira daquele povo, como também ocorreu uma transformação profunda nas crenças e costumes de Jerusalém e Judá, afetando o futuro de toda a nação. Tudo isso por conta do posicionamento de um homem, que lutou para estabelecer a vontade de Deus até o fim de sua vida: "[...] Enquanto viveu, não deixaram de andar de acordo com a vontade do SENHOR, Deus de seus pais" (2 Crônicas 34.33).

A sincera busca individual de Josias, com seus dezesseis anos de idade, resultou em um processo coletivo de santificação de um povo quando ele alcançou os vinte anos. Seis anos depois de seu posicionamento, toda a nação de Israel já havia sido reformada e transformada. Incrível, não é mesmo? Agora, você pode estar se perguntando: "Por que eu não consegui fazer nada assim até hoje na minha nação, ou sequer no meu bairro, nem na minha igreja?". Levando em consideração o período entre o despertamento pessoal de Josias e a purificação de Israel, se você somar a quantidade de tempo que passou estagnado, lamentando sobre a sua vida e questões que o incomodam, reclamando de sua comunidade local ou criticando o Brasil, pode ser que o resultado seja até mais de seis anos.

A verdade é que independentemente de quanta unção recebemos de Deus, se ficarmos parados nos entristecendo com as circunstâncias, nada vai acontecer. E enquanto alguns reclamam, lamentam ou apenas sonham sem colocar nada em prática, outros abraçam o chamado divino para suas vidas e se lançam com todas as suas forças para fazer o sonho acontecer. Mas se você está no primeiro grupo, não se desespere. A boa notícia é que independentemente de qual postura assumimos até hoje, a graça de Deus está disponível para nos levar além a partir do momento em que nos posicionarmos para isso.

Sendo assim, aqueles que até então ficaram estagnados se levantarão para trabalhar por uma transformação na sociedade, e quem já tem feito isso encontrará no Senhor forças para seguir em frente e realizar ainda muito mais. O Espírito Santo de Deus está fluindo sobre nós, enviando os semeadores à colheita, como está escrito em Lucas 10.2:

> [...] A seara é grande, mas os trabalhadores são poucos. Rogai, pois, ao Senhor da plantação que mande obreiros para fazerem a colheita.

Com isso, precisamos entender que "fazer a colheita" pode ter diferentes significados na prática de acordo com a orientação de Deus para cada um de nós. Mas qualquer que seja nossa "tarefa específica" no Reino dos Céus, tudo começa com oração. Isto é, orar é a primeira ação com a qual devemos nos comprometer.

Para isso, precisamos quebrar um conceito bastante errado que tem sido disseminado por muitas pessoas na Igreja. Elas afirmam que devemos agir em vez de orar, como se a oração não fosse uma ação por si só. Desconsideram que esta é a base mais importante e sólida para qualquer outra coisa que alguém possa fazer.

Eu até entendo a intenção por trás de afirmações desse tipo, que, na maioria das vezes, visa despertar cristãos acomodados para fazerem alguma coisa. Por exemplo, aqueles que acreditam que seu papel na Terra é somente orar em seus quartos, ou enviar o *emoji* de oração pelo WhatsApp para indicar aos outros que estão engajados com algo espiritual. Mas, apesar disso, não podemos desvalorizar o poder dessa prática como o ponto de partida mais seguro que existe para qualquer passo que daremos, pois isso certamente traria um grande prejuízo para a Igreja a longo prazo.

Para compreender melhor o que quero dizer, imagine um corpo em que os membros não entendem o que o cérebro os ordena a fazer. Cada um ficaria totalmente descoordenado, e a estrutura não conseguiria se mover em direção a lugar algum. O mesmo acontece com o Corpo de Cristo e individualmente conosco, que fazemos parte dele, quando não conversamos com Deus e, por isso, não O ouvimos. Dessa forma, para caminharmos na direção correta, precisamos iniciar todas as nossas atitudes baseadas na oração.

Quem, de fato, experimentou o poder da oração sabe que não há nada mais eficaz do que andar com a convicção de estar vivendo de acordo com as direções de Deus, fazendo o que viu o Pai fazer, como Jesus nos ensinou – Cristo, por exemplo, não começava um dia sequer sem ter um tempo a sós com o Pai. E foi exatamente isso que Josias fez, passou quatro anos buscando a face do Senhor, espelhando-se em Davi, seu antepassado, para então ter estratégia, entendimento e os recursos necessários para dar o passo seguinte. Foi agindo desse jeito que o jovem rei realizou uma das maiores reformas que Israel já viu.

Logo, quando líderes de diferentes áreas no Corpo de Cristo compreenderem o poder da oração para tornar suas jornadas seguras e assertivas, certamente darão prioridade a essa prática em suas reuniões e planejamentos. Inclusive, a própria Palavra nos dá vários exemplos da eficiência desse método:

> Enquanto serviam, adoravam e jejuavam ao Senhor, o Espírito Santo lhes ordenou: "Separai-me, agora, Barnabé e Saulo para a missão a qual os tenho chamado". Diante disso, depois que jejuaram e oraram, lhes impuseram as mãos e os enviaram. (Atos 13.2-3)

Então Ester mandou a seguinte resposta a Mardoqueu: "Vai, ajunta a todos os judeus que se acharem na capital, Susã, e jejuai por mim, e não comais, nem bebais por três dias, nem de noite nem de dia; eu e as minhas servas também jejuaremos. Depois, irei ter com o rei, ainda que esse seja um gesto considerado rebelde e contra a lei; se perecer por isso, pereci!". (Ester 4.15-16)

Pleno do Espírito Santo, retornou Jesus do Jordão e foi conduzido pelo Espírito ao deserto, onde enfrentou as tentações do Diabo por quarenta dias. Durante todos esses dias não comeu nada e, ao fim desse período, estava faminto. (Lucas 4.1-2)

Esses e outros trechos da Bíblia nos mostram o quanto o jejum e a oração são fundamentais em nosso processo de preparação para sermos enviados como trabalhadores à colheita. A jornada de todas as grandes pessoas que fizeram algo significativo na História foi precedida por um período de dedicação a essas práticas. Inclusive, talvez isso explique por que temos tanta dificuldade para jejuar, ou mesmo por que é tão complicado reunir amigos e até pessoas de nossa igreja para que se comprometam em um propósito de jejum e oração. É óbvio que haveria empecilhos, uma vez que até o Diabo está bem ciente de que orar e jejuar são o pontapé inicial para um grande movimento de reforma e transformação. Ele fará tudo quanto puder para nos afastar desse propósito.

Mas fique tranquilo(a), pois ao mesmo tempo em que somos atacados pelo Inimigo, o Espírito Santo dispõe a nós todo o suporte necessário para que possamos ir até o fim. Basta escolhermos a quem preferimos ouvir e seguirmos em frente para trazer uma reforma em nossa sociedade à luz da Palavra de Deus.

Aliás, você entende o que queremos dizer com reforma ou transformação da sociedade? Muitos imediatamente lembram-se da Reforma Protestante iniciada por Martinho Lutero, na Alemanha, em 1517. E não estão errados. Esse é um exemplo clássico de como o entendimento correto das Escrituras e a propagação de princípios exclusivamente bíblicos podem mudar uma comunidade inteira e influenciar nações.

Nesse contexto, com a divulgação das teses de Lutero, o indivíduo passou a ser considerado a base da sociedade e detentor de plena liberdade para decidir sobre seus caminhos. A partir disso, o povo começou a questionar o papel que os sacerdotes assumiam como únicos representantes de Deus na Terra. Como resultado, hoje fazemos parte de um cristianismo muito mais pessoal e relacional, em que todos temos acesso à Bíblia e aprendemos que podemos nos comunicar com o Senhor através de orações mais diretas e sinceras, sem depender de uma terceira pessoa. A Reforma também trouxe entendimento para o fato de que a escravidão precisava ser abolida, com isso, tal prática passou a ser gradualmente abandonada. Além do mais, a democracia moderna, como conhecemos hoje, não existiria se não fosse a ideologia Protestante.

É lindo ver o poder que existe nas Escrituras para impactar nossas vidas, e a Reforma Protestante é só um exemplo disso. Uma vez revelada e declarada, a Palavra é a fonte de transformação mais poderosa que existe. Somente através dela encontraremos as ferramentas necessárias para trazer o Reino dos Céus para a Terra, isto é: paz, justiça e alegria (cf. Romanos 14.17).

De fato, estamos falando de um movimento organizado de transformação social e cultural sistêmica que tem como base a revelação da Bíblia. Isso pode parecer algo grande demais ou até mesmo distante da nossa realidade cotidiana, e nossa expectativa em relação ao resultado final talvez seja imensa. No entanto, grandes alvos não são nada além de um conjunto de pequenos passos, e grandes transformações são simplesmente a soma de pequenas escolhas.

Em razão disso, devemos voltar a nossa atenção para as atitudes e decisões mais corriqueiras do nosso dia a dia. Então, precisamos abandonar o medo da frustração e nos sentir provocados a pensar em qual será o próximo passo que precisamos dar. É dessa maneira que poderemos nos permitir sonhar alto, subindo degrau por degrau à nossa frente, até começarmos a vislumbrar essa reforma e transformação social pela qual tanto ansiamos.

Atualmente, é cada vez mais comum vermos pessoas se posicionarem dizendo o que acreditam;

levantam seus punhos ao alto, postam em suas redes sociais e gritam ao mundo qual é o tipo de sociedade em que querem viver. Mas acontece que nem sempre estão dispostas a dar o primeiro passo para transformarem esse anseio em realidade. Isso, porque geralmente é necessário sacrificar o próprio conforto, estabilidade, reputação, riquezas e tantos outros benefícios para conquistar a reforma que desejam ver acontecendo. E nós somos igualmente passíveis desse conformismo, caso não tenhamos muito clara a direção em que devemos seguir. Por isso, é somente a partir da nossa vida de oração e de nosso relacionamento com Deus que teremos coragem e ousadia para colocar a reforma em prática.

Foi exatamente assim que os discípulos de Jesus foram capacitados a continuar pregando o Evangelho, mesmo sendo perseguidos:

> "**Agora, pois, ó Senhor, considera as ameaças deles e capacita os teus servos para proclamarem a tua Palavra com toda a intrepidez.** Estende a tua mão para curar e realizar sinais e maravilhas por meio do Nome do teu Santo Servo Jesus!". E assim que terminaram de orar, tremeu o lugar onde estavam reunidos; todos ficaram cheios do Espírito Santo e, com toda a coragem saíram anunciando a Palavra de Deus. (Atos 4.29-31 – grifo do autor)

Estamos entrando em uma era na qual encontraremos, a cada dia, mais pessoas como Pedro e João. Jovens que, quando se deparam com uma adversidade, escolhem clamar por ousadia e intrepidez em vez de orar para que simplesmente suas vidas sejam poupadas. São avivalistas e reformadores que não precisam de um púlpito ou de um microfone em mãos para se sentirem completos, pois encontram satisfação em ver a vontade de Deus sendo cumprida independentemente de quem levará os créditos.

Esses são os verdadeiros intercessores, aqueles que abrem mão de prazeres e oportunidades que parecem muito atraentes de uma perspectiva terrena, preferindo se manter alinhados com os Céus. São como um canal constante de avivamento, pois Deus os enche de ousadia no lugar secreto de oração, para que possam trazer transformação social em público. São aqueles que testemunham o que está escrito em Atos 4.31.

Neste momento, espero que você já esteja queimando por dentro para ser uma dessas pessoas, cheio de ousadia e pronto para trazer a transformação ao seu redor. Mas depois de ler tanto acerca do poder da oração, o que fazer com isso? Como pegar aquilo que recebemos do Senhor ao orar e aplicar na vida cotidiana, trazendo como resultado mudanças a curto, médio e longo prazos? Acredito que algumas experiências e estratégias que irei compartilhar podem ajudá-lo com essas questões. Não digo isso por crer que tenho todas as respostas, mas porque aprendi coisas significativas ao me frustrar diversas vezes e obter sucesso em algumas situações.

# ENTENDA O QUE ELE PEDE DE VOCÊ
## AS QUATRO CATEGORIAS DE ATUAÇÃO SEGUNDO JOHNNY ENLOW

Por mais absurdo que pareça, é bastante comum encontrar pessoas que tiveram experiências ou revelações sobre determinado assunto durante um momento de oração e já saíram querendo "colocar a mão na massa". Desejavam pôr em ação tudo quanto escutaram do Senhor, antes mesmo de discernir o tempo e a melhor maneira para fazer. Mas calma! Não é porque você teve um sonho com crianças na África que Deus o está direcionando a se mudar para lá amanhã. Também não é porque você teve uma visão na qual pregava para uma multidão que seu pastor deve permitir que você compartilhe a palavra no seu pequeno grupo de discipulado imediatamente.

O que quero dizer é que responder "sim" para uma direção de Deus significa também aceitar o Seu tempo e a Sua maneira de realizar as coisas. Por isso, é importante que todo intercessor, uma vez que entende que o Espírito Santo está lhe confiando uma causa, consiga discernir qual é seu papel para atuar trazendo o reino de Deus naquela área específica.

No livro *O Renascimento dos Sete Montes*[1], Johnny Enlow esclarece de uma forma muito completa sobre

---

[1] ENLOW, Johnny. **O Renascimento dos Sete Montes**. Brasília: Chara, 2018.

níveis de atuação que podemos ter em relação a uma causa ou em uma área da sociedade. Ele defende que geralmente somos chamados para influenciá-la de acordo com uma dessas quatro categorias:

- Protagonista: aquele que irá tratar acerca de uma causa específica e ser publicamente reconhecido por isso.

- Conselheiro: aquele que estará ao lado de líderes e pessoas influentes, aconselhando-os de acordo com a vontade de Deus.

- Intercessor: aquele que entende que é chamado a orar por determinada causa ou área, preparando o ambiente espiritual para que protagonistas e conselheiros atuem conforme seus chamados específicos.

- Investidor: aquele que decide aplicar seus recursos financeiros em pessoas e iniciativas que propagam o Reino de Deus em determinada causa ou área da sociedade.

Com base nesses perfis apresentados, talvez você seja como Josias, que em seu período de busca ao Senhor teve a convicção de que deveria comprometer-se como o protagonista de uma reforma em Israel. Entretanto, pode ser que você se encaixe no perfil de Daniel, posicionado como conselheiro ao lado de pessoas que atuam como protagonistas (cf. Daniel

2.47-49; 5.17; 6.1-4). Ele estava sempre pronto para trazer uma perspectiva celestial para o governante da nação em que se encontrava sob situações difíceis.

Outra possibilidade é que você tenha sido levantado para interceder e trazer uma voz profética para sua geração. Foi isso que aconteceu com a profetisa Ana, que, por muitos anos, jejuou e orou no templo de Jerusalém, anunciando a vinda de Jesus, o Messias que iria nascer (cf. Lucas 2.36-38). Ou talvez você seja chamado para ser um investidor, como o rei Artaxerxes, que financiou a reconstrução do muro de Jerusalém fornecendo madeira e uma escolta para Neemias (cf. Neemias 2.4-8).

Na maioria das vezes, teremos um papel diferente – definido por pelo menos uma das categorias mencionadas acima – dentro de áreas ou causas específicas. Sendo assim, cabe a nós buscar ao Senhor para que nos conduza em relação a como iremos cumprir o chamado que Ele reservou para cada um aqui na Terra. Devemos orar por Sua orientação, pedindo também por sinais e confirmações, para nos assegurarmos de que estamos caminhando de acordo com Seus planos.

Diante disso, comece a refletir sobre o assunto: para que área ou causa específica você sente um chamado de Deus? O que você poderia fazer de forma prática para trazer o Seu Reino nessa área?

# IDENTIFIQUE QUEM ELE PÕE AO SEU LADO

Tão importante quanto entender o que fazer é ter discernimento e clareza em relação a quem andará ao seu lado para que isso aconteça. Com isso, não quero dizer que devemos depender de pessoas ou manter relações para suprir nossa carência. Pelo contrário, nossas conexões no Reino de Deus têm o propósito de ajudar a construir aquilo que Ele nos designou. Prova disso é que, ao longo da História, vemos que ninguém cumpre seu chamado e termina bem sua corrida sozinho.

Por isso, não acredite na expressão *"self made man/woman"*, utilizada no empreendedorismo para descrever pessoas que, em tese, conquistaram o sucesso sozinhas. A verdade é que fomos feitos para viver em comunidade, sendo encorajados, exortados e amados, de forma que também estejamos comprometidos a prestar contas por toda a nossa vida. Permanecer em comunhão com os santos é um princípio bíblico (Hebreus 10.25). Além disso, o convívio e a interação com outras pessoas é uma necessidade biológica, uma vez que o ser humano não mantém sua sanidade mental nem atinge seu pleno desenvolvimento físico e emocional sem esses fatores.[2]

Portanto, nossa oração e busca precisam voltar-se também para termos as pessoas certas ao nosso redor: amigos, colegas, líderes e familiares que poderão nos

---

[2] VYGOTSKY, L. S. **A formação social da mente**. 4. ed. São Paulo: Livraria Martins, 1991.

aconselhar e, assim, contribuir com a construção de nossa jornada com Deus.

Da mesma forma que o Espírito Santo lhe revelou uma área da sociedade ou causa específica para que você interceda ou atue de outras maneiras, Ele certamente indicou a outras pessoas ações complementares ao que você irá realizar. Por isso, costumo fazer sempre a seguinte oração: "Senhor, conecte-me com as pessoas certas, aquelas que me ajudarão a cumprir a Tua vontade sobre a minha vida, e me afaste das pessoas que me manteriam na minha zona de conforto em vez de me impulsionar". Veja que o foco de minhas orações não é exatamente para que Deus me afaste de pessoas que seriam "más influências" para mim e poderiam me levar para o "mau caminho". Quanto a eles, sei que o discernimento de espíritos me ajudará a identificar facilmente. O que me preocupa mesmo é "cair no papo" daqueles que são bastante bem-intencionados, mas acabam trazendo conforto excessivo. Essas pessoas não querem nos ver sofrer, por isso costumam nos aconselhar a ficar onde estamos em vez de darmos um passo de fé de acordo com a direção do Senhor.

Para ser sincero, acredito que este caso é mais preocupante do que o risco de encontrar pessoas claramente dispostas a nos atrapalhar. Destas, é mais fácil que nos afastemos, enquanto podemos cair na tentação de manter por perto aqueles que nos trazem a sensação de conforto. A esse respeito, Jim Rohn, um famoso empreendedor, autor e palestrante motivacional, certa vez, disse: "Você é a média das cinco pessoas com quem passa mais tempo".[3] Ou seja, quanto melhores forem nossas companhias, melhores pessoas seremos. Se, ao olhar para o lado, você não encontrar quem o instigue e desafie, está na hora de orar por conexões divinas, aqueles que irão afiá-lo e ajudá-lo a se tornar a melhor versão de si mesmo.

Lembre-se de que "afiamos" nossos companheiros assim como o ferro que afia o ferro (cf. Provérbios 27.17). Para crescermos e sermos impulsionados para mais perto do nosso chamado, precisamos de desafios e confrontos, necessitamos ser instigados a nos desenvolver, e não nos conformarmos simplesmente com o conforto e a calmaria.

Por essa razão, é importante saber quem são aqueles que irão nos "afiar" e trazê-los para perto. Alguns virão para nos ajudar com nossas questões pessoais, outros para nos encorajar, alguns trabalharão ao nosso lado e outros irão nos liderar nesse processo. É fundamental que entendamos o papel de cada uma dessas pessoas em nossa jornada.

## DÊ O PRIMEIRO PASSO!

Uma vez que você sabe para onde deve ir e tem as pessoas certas ao seu lado, está mais do que pronto para

---

[3] CRUZ, Vítor. **A estratégia mais importante da vida**. São Paulo: Literare Books, 2019.

seguir em frente. Não espere por mais nada, você precisa começar com o que tem em suas mãos hoje e viver de acordo com os sonhos do Pai para sua vida. Recursos, reconhecimento e resultados precisam ficar em segundo plano neste momento. Sua maior motivação deve ser o fato de saber que está cumprindo a vontade de Deus, e seu maior desejo, manifestar o Reino dos Céus na Terra.

Nesse processo, os desafios devem funcionar como verdadeiros combustíveis, que o impulsionarão ainda mais a buscar pela ação sobrenatural em sua jornada. Seja qual for o primeiro passo que Deus o orientou a dar, não pense demais, apenas vá! Dê esse passo com fé, sendo fiel em fazer o que está a seu alcance, e permita que Ele cuide de todo o resto.

Logo, saber para onde você está indo, ter com quem contar e estar cheio de ousadia para trazer o Reino de Deus para a sua realidade é o que você precisa para aliar bons resultados à sua jornada de oração. Contudo, reforço que não há nada mais prático do que orar e buscar a perspectiva de Deus sobre qualquer situação com a qual você se depare.

Nós, cristãos, temos pleno potencial de acessar soluções para problemas sociais e crises, por mais complexos que sejam, através da intercessão e da intimidade com o Senhor. De forma alguma sou contra a busca por conhecimento, mas acredito que, se passássemos metade do tempo que dedicamos a ler livros, assistir a vídeos e participar de aulas apenas em oração, buscando com sinceridade a face de Deus, viveríamos em um mundo completamente diferente.

Eu baseio essa afirmação no fato de que, por definição, a intercessão é a busca por um ponto de vista celestial acerca de questões terrenas. Assim, a perspectiva do intercessor é sempre de cima para baixo, e nunca o contrário. Logo, é muito mais eficaz investirmos tempo entendendo o que Deus pensa sobre nossas causas do que aprendendo como a humanidade tentou e tenta resolver seus problemas.

É exatamente por esse motivo que a intercessão é infalível. Portanto, podemos tranquilamente investir todas as nossas fichas no tempo com Deus e nas disciplinas espirituais, como jejum, oração e leitura da Palavra, como tantos personagens bíblicos fizeram, e funcionou. Esse deve ser o ponto de partida para a transformação e reforma que tanto temos buscado.

## CAPÍTULO DEZ

# BRASIL: UMA TORRE DE INTERCESSÃO PARA AS NAÇÕES

Já não deve ser novidade para você o fato de que este livro foi escrito em meio a uma grande mobilização de oração e intercessão, com o fim de prepararmos o ambiente espiritual para o The Send Brasil.[1] E foi justamente por conta desse evento que eu e a pastora Ezenete nos aproximamos, descobrindo, por consequência disso, que temos tantas coisas em comum, mesmo estando em fases diferentes da vida e em contextos distintos.

Sendo assim, nossa conexão gerou muitos frutos, e um deles é este livro que você está segurando agora. Ele contém chaves para destravar um novo nível em sua

---

[1] The Send Brasil foi a segunda edição do evento organizado pelo movimento The Send (cuja origem e objetivo foram explicados na introdução deste livro). O evento aconteceu simultaneamente em três estádios brasileiros, nos estados de São Paulo e Brasília, no dia 08/02/2020. O ajuntamento reuniu mais de 150 mil pessoas de diferentes nações.

vida de oração e intercessão. E, ao longo desse processo, nós compartilhamos essas mesmas ferramentas com mais de vinte mil homens e mulheres que as aplicaram em reuniões de intercessão pelo The Send Brasil durante os nove meses que antecederam o evento.

Com a ajuda de grandes generais de oração do nosso país, como o apóstolo Hudson Medeiros, a apóstola Valnice Milhomens e a própria pastora Ezenete, diversos intercessores foram mobilizados em todos os estados do Brasil e em alguns países da América do Sul. Esses líderes assumiram a responsabilidade de organizar a intercessão pelo The Send, engajar outros de seus estados e regiões, além de convocar reuniões presenciais de oração com suas equipes.

A partir desses encontros, recebemos estratégias para toda a nação brasileira. E esses direcionamentos chegavam a nortear as decisões que tomávamos nas reuniões de liderança do The Send Brasil. Foram nove meses conhecendo intercessores, visitando igrejas e fazendo conexões com pessoas apaixonadas por Jesus, que, na maioria dos casos, não são grandes estrelas do mundo evangélico. Poucos os conhecem, mas, quando dobram seus joelhos, movem os Céus e a Terra com uma só oração.

Consequentemente, os meses de preparação antes do evento me fizeram olhar para o Brasil, em especial, para a Igreja brasileira, com outros olhos. Sempre amei a parte do Corpo de Cristo que se encontra no meu país, mas passei a, de fato, admirá-la. Sim, eu sei que existem muitos problemas, e não vamos sossegar até resolvê-los. Mas, para ser sincero, os obstáculos que temos nem se comparam à grandeza do potencial, da paixão e da resiliência que a Igreja nacional possui.

Prova disso é que eu fico impressionado ao ver que, nos lugares mais improváveis, talvez até nos mais socialmente vulneráveis, encontramos um povo cheio do Espírito Santo, que obedece ao Senhor de forma radical e carrega um amor tão imenso pela Palavra que constrangeria muitos alunos dos seminários mais sofisticados dos Estados Unidos ou da Europa.

Apesar de tudo isso, é comum nos impressionarmos com facilidade ao vermos um gringo "descolado" por exemplo. Isso, porque muitas vezes confundimos as coisas, e chegamos a pensar que a forma de se vestir ou falar define o quão ungida é uma pessoa. Porém, eu acredito que, se buscarmos verdadeiramente por unção e revelação da Palavra, estando dispostos a esquecer as aparências, conseguiremos admirar muito mais nossos líderes nacionais. Nossa geração já acordou, e finalmente estamos percebendo que nós, brasileiros, carregamos algo tão especial que atrai consagrados homens e mulheres de Deus de diferentes nações. Eles vêm aqui não somente para oferecer alguma coisa, mas também para receber daquilo que temos.

Além disso, já faz um tempo que o Brasil é usado por Deus para abençoar diversos países com sua unção específica. Desde 2010, somos a segunda nação do mundo que mais envia missionários, ultrapassando outras até mais desenvolvidas, como Coreia do Sul, Alemanha, Reino Unido e muitas mais.[2] Isso, por si só, já é um grande testemunho. Afinal, como um país que passa por uma de suas maiores crises econômicas é capaz de enviar e sustentar pessoas que atuam em diferentes partes do planeta? Ou ainda, como uma sociedade que passou por uma década absolutamente atribulada em termos sociais e políticos continua enviando e aumentando cada vez mais o número de missionários em campo ao redor do globo? A única explicação que me satisfaz diante dessa pergunta é o fato de que há um propósito nisso.

A nossa nação é chamada para incendiar as outras com o fogo do Espírito Santo e espalhar as boas novas do Evangelho pelo mundo todo, até os confins da Terra. Logo, não há crise econômica, social ou política que possa nos parar. Nós fomos comissionados a fazer o nome de Jesus Cristo conhecido por todos os lugares, e isso deve nos satisfazer e alimentar nossa alma. Mas como entender e cumprir esse chamado?

Primeiro, é necessário que Deus nos ensine Suas verdades e nos leve a conhecer nossa identidade como indivíduos, mas também como nação: nós, brasileiros, carregamos uma alegria e um fogo específico do Espírito

---

[2] JOHNSON, Todd. **Christianity in its global context, 1970–2020**: society, religion, and mission. South Hamilton (EUA): Center for the Study of Global Christianity Gordon-Conwell Theological Seminary, 2013.

Santo. Nesse sentido, não é à toa que este lugar é chamado Brasil, cuja etimologia remete à cor vermelha.[3] Nosso país é uma labareda constantemente alimentada pela oração e adoração de muitas pessoas. Carregamos um fogo suficientemente forte para impulsionar uma transformação aqui e ainda enviar brasas para o mundo todo.

Além disso, há tanta riqueza neste país que, quando os portugueses chegaram aqui, ficaram maravilhados. Contudo, também tiveram medo de que outras nações colonizadoras compreendessem o tamanho e o valor desta terra, de modo que bolaram a estratégia de dividi-la, dando outros nomes que eram geralmente usados para batizar ilhas. Eles nos chamaram de Terra Nova, Terra dos Papagaios, Ilha de Vera Cruz e Terra de Santa Cruz, até que, por fim, decidiram nos nomear de acordo com o que consideravam ser nosso bem mais especial: o pau-brasil, de onde extraíam um pigmento vermelho, cor de brasa, para tingir tecidos.[4] Mal sabiam eles que estavam reconhecendo um destino profético que esta porção de terra ainda haveria de viver.[5]

Outro fato curioso e bem importante sobre o nosso país é que, na época em que os portugueses chegaram

---

[3] **Dicionário etimológico**: Origem da palavra Brasil. Disponível em: *https://www.dicionarioetimologico.com.br/brasil/*. Acesso em março de 2020.

[4] OTERO, Edgardo. **A origem dos nomes dos países**. São Paulo: Panda Books, 2006.

[5] AURÉLIO, Daniel Rodrigues. **A extraordinária história do Brasil - Vol. 1**. São Paulo: Universo do Livro, 2010.

ao Brasil, aqueles que exportavam o pau-brasil e o comercializavam eram chamados de brasileiros. De modo que, essencialmente, brasileiro não era um título garantido a todos que nasciam aqui, mas só para aqueles que trabalhavam na colheita e distribuição do maior bem desta terra. Hoje, nosso maior bem é Jesus, e o fogo que recebemos do Espírito Santo. Então, uma vez que nossa nação é escolhida para trabalhar na Grande Colheita do Senhor, os verdadeiros brasileiros são aqueles que "enviam esta brasa", isto é, os que dizem "sim" ao compromisso de levar o Reino de Deus por todas as áreas da sociedade e por todos os cantos da nossa nação, do continente e de todo o mundo.

Assim, de acordo com esse raciocínio, ser brasileira ou brasileiro não diz respeito a uma classificação usada para nos identificar pelo local onde nascemos, trata-se de um prêmio, um título oferecido em reconhecimento daqueles que cultivam o que temos aqui e enviam para outros países. Esse é nosso chamado e propósito enquanto nação. Tenho certeza de que, enquanto fizermos isso, conseguiremos a força e o favor necessários para transformar a nossa própria sociedade de dentro para fora – desde as pessoas em situação de maior vulnerabilidade até os mais privilegiados. Essa é a nossa hora!

No entanto, como já vimos aqui neste livro, é impossível cumprirmos nosso destino ou alinharmos nosso propósito de acordo com a vontade perfeita do Pai se não tivermos uma vida sólida de oração e intimidade com Deus. Esse é maior segredo dos bons resultados na vida de homens de fé, como Jesus, Daniel, Paulo e tantos outros que se dedicavam a conhecer o Senhor. Como lemos ao longo dos capítulos anteriores, eles se engajavam em descobrir novas dimensões de intimidade com o Pai e, assim, ganhavam autoridade no mundo espiritual através da oração.

Se funcionou para eles, por que não poderia dar certo conosco? E se isso já tem gerado bons resultados na minha vida e na sua, por que não aplicar a uma nação inteira? Nesse sentido, talvez a maior recomendação para a Igreja brasileira seja seguir esse exemplo de pessoas que cumpriram seu destino de forma extraordinária por meio de uma vida de oração. E a melhor referência disso é Jesus, assim como afirmam alguns dos versículos mais revolucionários de todo o Novo Testamento:

> De madrugada, em meio a escuridão, Jesus levantou-se, saiu da casa e retirou-se para um lugar deserto, onde ficou orando. (Marcos 1.35)

> Tendo-o despedido, subiu a um monte para orar. (Marcos 6.46)

Existem ainda muitos outros trechos que tratam da vida de oração de Jesus. No entanto, culturalmente, estamos acostumados a grandes reuniões, eventos e compromissos sociais acontecendo a todo tempo. Logo, nunca temos tempo de nos retirar para ficar a sós com Deus. Amamos celebrar e estar juntos com nossos amigos e irmãos em Cristo. Aliás, não existe um povo que ame mais o momento do café pós-culto ou sair com os amigos depois das reuniões do que nós, brasileiros. E embora isso seja muito bom e proveitoso, às vezes, a melhor coisa que podemos fazer é nos despedir das pessoas e ir ao lugar de oração.

Veja, os momentos coletivos de encontro com Deus e a busca individual pela Sua presença são práticas complementares, uma não se sustenta sem a outra. Desse modo, precisamos compreender de uma vez por todas que a unção liberada em grandes eventos e tudo quanto acontece no mundo espiritual nesses encontros não se encerra quando o pregador diz "amém". Na verdade, tudo começa a partir desse momento, quando assumimos a responsabilidade de cultivar e praticar isso em nossa vida cotidiana, uma vez que estamos cheios do Espírito. Para isso, temos de fazer exatamente como Jesus, que não deixava o lugar de oração por nada neste mundo.

Portanto, se nos dedicarmos a essa prática, junto com os fundamentos sólidos do Evangelho que foram plantados em nossa nação e a unção que tem sido ativada no Brasil, trilharemos o caminho para o glorioso destino que Deus projetou para nós. Isso tem sustentado a Igreja brasileira de forma sobrenatural.

Não é à toa que missionários europeus, asiáticos e norte-americanos dedicaram suas vidas para semear nesta terra, acreditando que um dia viríamos declarar Jesus Cristo como nosso Senhor e Salvador e levar essa fé a outros lugares do mundo. E foi esse legado que fez com que chegássemos até aqui e produzíssemos frutos que permanecem.

Dentro disso, creio que estamos vivendo um momento de transição em nossa geração, de modo que todos os cristãos de hoje estão recebendo uma incumbência dupla: com uma mão, colhemos os frutos do que foi semeado por aqueles que vieram antes de nós, tanto brasileiros como missionários de outros países; e com a outra, plantamos as sementes que alimentarão as gerações que estão por vir.

É exatamente por isso que devemos pensar não só no que estamos vivendo agora, mas sim em construir um legado para o futuro do Corpo de Cristo. A respeito disso, certa vez, ouvi um homem de Deus dizer que um dos maiores problemas que temos como Igreja é a crença de que Jesus voltaria agora e, por isso, não precisamos pensar no destino do mundo, pois Ele resolveria essa questão e poria um fim em tudo o que não está certo. Diante dessa ideia, minha primeira reação foi negativa. Mas, ao parar e refletir melhor, percebi que ele estava certo. Sim, foi o próprio Jesus quem nos disse que ninguém, nem Ele mesmo, sabe quando isso aconteceria. No entanto, por toda a Bíblia, vemos uma lista de sinais e profecias que antecedem a volta de Cristo, e elas ainda não aconteceram. Sendo assim, viver acreditando que somos a última geração a passar pela Terra antes da segunda vinda de Cristo nos atrapalha a construir algo que permaneça e a sermos intencionais em desenvolver um legado.

Ao pensar nisso, por vezes, eu me pergunto: será que meus filhos e netos terão referências tão fortes de oração e intercessão como eu tenho? Em minha geração, todo mundo conhece pelo menos uma "tia do coque": aquela senhora que ora sem parar e sempre tem algo de acordo com o coração de Deus para dizer. As gerações futuras também precisam de modelos como estes. Com isso, não quero dizer que o estilo de roupas e o jeito de falar dessas pessoas precisam ser copiados, mas que a essência carregada por elas não pode ser perdida. Mas fato é que essa essência não foi construída do dia para a noite. Algo interessante a respeito desses ícones de oração é que, por mais que, na maioria das vezes, os conheçamos como pessoas mais velhas, para ter o que eles têm hoje, provavelmente começaram cedo sua vida de intimidade com Deus.

Dessa forma, se quisermos ser referência de oração para gerações futuras, devemos começar a desenvolver esse estilo de vida agora. Eu particularmente quero ser alguém que inspira outros a tornarem-se íntimos de Deus, a gerarem frutos de avivamento e transformação para uma nação. Desejo ser lembrado como uma pessoa que respondeu ao chamado do Senhor e, por isso, impactou milhares de vidas e revolucionou sistemas. Eu anseio, por exemplo, por ser o que o professor J. Edwin Orr foi para seu jovem aluno, Billy Graham, como vimos no quinto capítulo deste livro. Que assim também, daqui a cem anos, alguém possa olhar para a minha vida e todas as obras que realizei obedecendo à voz de Deus e clamar: "Faz de novo, Senhor!".

É com essa mentalidade que precisamos levar nossa nação a se posicionar em oração e intercessão. Assim, o destino profético do Brasil não será perdido, nem seremos tentados a ceder diante de desafios, tentações e oportunidades que surgirão de seguirmos qualquer outro destino que não seja o que o Pai planejou para nós. Sim, dessa maneira, alcançaremos o projeto maravilhoso que Deus desenhou para a nossa nação e cumpriremos Seu propósito.

Mas, para isso, precisamos entender o plano de Deus para nossa sociedade. E isso inclui a percepção de que algumas das áreas mais estratégicas dela estão debaixo de extrema influência espiritual, seja boa ou ruim, pois são muito importantes tanto para o avanço do Reino de Deus quanto para o das trevas. No nosso país, essas esferas são a família, o governo e a Igreja, e estão em uma situação bem delicada. Então, lembre-se de que, se não as ocuparmos com o Espírito do Senhor, outros virão para dominá-las com outras forças.

# FAMÍLIA

Esta esfera é o núcleo central de uma sociedade. É neste contexto que as pessoas nascem e são formadas de acordo com um determinado conjunto de valores. Em casa – não na escola, na rua ou em qualquer outro lugar – é onde as bases iniciais do caráter de um indivíduo são estabelecidas, assim como os costumes que acompanharão para sempre aqueles que virão a ser os cidadãos, líderes e profissionais do futuro. Logo, a família é o útero, a maternidade, e também o centro de treinamento e formação daqueles que nos governarão e formarão a nossa sociedade nos próximos anos.

Por vezes, podemos até pensar que essas seriam responsabilidades do Estado ou até da Igreja enquanto instituição. Mas a Bíblia – cujos princípios têm norteado as nações mais desenvolvidas do mundo[6] – nos instrui em como deve ser o relacionamento entre maridos e esposas, pais e filhos, e de cada indivíduo com o mundo. E o que ela orienta é que a educação das crianças cabe aos pais:

> Ensinai os mandamentos do SENHOR aos vossos filhos, conversando acerca deles quando estiverdes sentados em casa e nos momentos em que estiverdes andando pelos caminhos, ao deitardes e quando vos levantardes para um novo dia.
> (Deuteronômio 11.19)

---

[6] MANGALWADI, Vishal. **O livro que fez o seu mundo**. 1. ed. São Paulo: Vida, 2012.

Em razão disso, nossa oração deve voltar-se para ativar esses fundamentos em todas as famílias brasileiras, fortalecendo os líderes de cada casa e repreendendo as tentativas demoníacas de desestabilização de lares.

Dentro desse assunto, uma coisa que tenho observado é que as estratégias satânicas estão direcionadas para a destruição de princípios de unidade e amor entre os familiares, fazendo com que cada um viva sua própria vida mesmo que continuem morando todos debaixo do mesmo teto. E assim como é bem triste vermos um casal divorciado, também não é nada agradável quando marido e mulher não se suportam e têm uma vida miserável.

Então, já que o Diabo trabalha constantemente para destruir lares e alianças, devemos estar atentos às suas tentativas de incitar a divisão em nossas casas. Principalmente, precisamos nos manter alertas às situações cotidianas, afinal são as pequenas raposas que destroem as vinhas (cf. Cânticos 2.15). Diante disso, é justamente contra essas pequenas desavenças que nossa oração precisa ser direcionada, neutralizando-as e fortalecendo cada núcleo familiar na identidade e propósito que Deus designou para cada um.

## GOVERNO

Antes de tudo, recomendo que se façam súplicas, orações, intercessões e ações de graças, em favor de todas as pessoas;

pelos reis e por todos os que exercem autoridade, para que tenhamos uma vida tranquila e pacífica, com toda a piedade e dignidade. Isto é bom e agradável diante de Deus, nosso Salvador. (1 Timóteo 2.1-3)

Quando clamamos, intercedemos e damos ações de graças por alguma autoridade, estamos liberando paz sobre o todo. Ao aplicarmos esse método, orando por nossos governantes, estamos declarando uma vida pacífica sobre a nossa nação, e ela traz consigo o amor e a dignidade para as pessoas, além de ser considerado agradável diante de Deus. Isso não parece uma tarefa tão difícil assim para nós no primeiro momento, afinal somos *experts* em fazer súplicas, orar e interceder por nossos representantes políticos. Mas quando chega a hora de entregarmos ações de graças a Deus por eles, parece que as coisas ficam mais difíceis.

Fato é que o Senhor nos instrui a agradecermos pelas pessoas em autoridade, e eu tenho um palpite acerca do porquê disso. Em minha opinião, expressar gratidão é uma das ferramentas mais poderosas para nos colocar em nosso devido lugar. Quando passamos por um período de oração no qual somente agradecemos, estamos enviando um recado para a nossa alma e para o mundo sobre o quão grande é o nosso Deus.

Assim, se diante de uma crise financeira, por exemplo, nos dedicarmos a orar agradecendo por todas as vezes em que Ele proveu, esteve presente e manifestou a Sua bondade em nossa vida, logo perceberemos que nosso problema já não parece ser tão grande, ou ao menos deixa de ser algo que nos causa tanto medo. Da mesma forma, quando Deus nos instrui a agradecer por aqueles que nos governam, mas que muitas vezes nos incomodam ou mesmo nos afligem, Ele também está nos convidando a entender que os Seus planos são maiores do que um partido político, uma ideologia ou um projeto de governo.

Por esse motivo, independentemente de quem esteja no poder, precisamos saber que as promessas do Senhor são certezas que podemos ter. Além do mais, a Igreja de Jesus Cristo é relevante o suficiente e não depende de uma instituição humana para trazer transformação, uma vez que está a serviço do Rei celestial.

A partir do momento em que percebemos isso, conseguimos também enxergar as autoridades como filhos(as) de Deus. Eles necessitam de um encontro com o amor do Pai, que deseja revelar-Se a cada um, e não é o posicionamento político e ideológico que os afastará disso. Assim, oração nos faz passar por cima de rótulos e cumprir de verdade a vontade de Deus em todas as áreas da sociedade.

Em suma, se nos lembrarmos de trazer sempre ações de graças a Deus por nossos governantes, teremos como consequência disso paz e tranquilidade sobre a nossa nação. É claro que precisamos estar atentos a todo tempo e nos posicionar em intercessão contra as tentativas do Diabo enquanto trazemos projetos e iniciativas que façam com que o nosso governo aqui na terra seja mais parecido com o celestial. Nós somos a geração que irá zelar até o fim por nossa nação, trazendo o Reino de Deus, que é justiça, paz e alegria no Espírito Santo (cf. Romanos 14.17).

## IGREJA

A *Ekklesia* (termo grego traduzido como "igreja" na Bíblia) foi instituída por Jesus para ser uma assembleia de pessoas. Na verdade, esse conceito já existia e era aplicado por gregos e romanos para designar um ajuntamento de cidadãos livres com o objetivo de tomarem as decisões mais importantes da sociedade.[7] Essas reuniões eram chamadas de *ekklesia* antes mesmo de existir o conceito de Igreja como a conhecemos hoje.

Nesse sentido, a escolha de Jesus por essa palavra revela exatamente um aspecto fundamental do que Ele esperava que a Igreja fosse. Ela não foi desenhada para ser um contêiner de pessoas ou para nos trancarmos lá dentro e celebrarmos nossa fé como se não houvesse o mundo ao nosso redor. Seu propósito original é promover comunhão, aprendizado e consolidação na fé, para que, assim, também possamos tomar decisões sábias para impactar e transformar vidas.

---

[7] SILVOSO, Ed. **Ekklesia**: a revolução começa na Igreja. São Paulo: Quatro Ventos, 2019.

Por isso, é tão fundamental nos dispormos a cobrir nossas igrejas locais, nossos líderes em especial, e também toda a congregação em oração. Alguns sentirão encargos do Espírito Santo para áreas específicas, outros terão direcionamentos de oração mais gerais. Seja como for, continue intercedendo por sua congregação, para que o sangue de Cristo esteja sobre ela, protegendo-a de todo mal. Além disso, ore para que haja a revelação da Palavra que nos lava de toda iniquidade, ore também pelo espírito de revelação e sabedoria para termos sempre a sensibilidade necessária para estarmos posicionados no centro da vontade de Deus.

Por fim, agora que estamos nas últimas páginas deste livro, nossa expectativa é que você não só se sinta mais inspirado a desenvolver intimidade com Deus, mas que também já tenha realizado passos práticos para isso. O propósito principal em cada etapa desta obra foi instigá-lo a conhecer mais o Senhor através da oração e a experimentar o poder da intercessão, pois esta é uma paixão que precisa ser compartilhada.

Portanto, é importante que você busque outras pessoas que também estejam sentindo o coração queimar pela intercessão e caminhe com elas; além de procurar referências de homens e mulheres de Deus que se aventuraram nesse estilo de vida. Assim como tenho a pastora Ezenete Rodrigues como uma grande referência e inspiração sem tamanho, estou certo de que você também encontrará alguém para caminhar ao seu lado nesse propósito.

Invista em relacionamentos assim e, junto com as pessoas que o apoiam, construa uma base sólida de oração e intercessão, que certamente afetará o destino de sua igreja local, sua comunidade e – por que não? – até de sua nação. Eu creio que aquele que encontra Deus no lugar de oração achará também um caminho seguro, o qual poderá percorrer recebendo a direção e a provisão necessárias para expandir o Reino dos Céus aqui na Terra, enquanto cumpre com seu propósito individual. Que Deus o abençoe nesta jornada.

# CARTA PARA A PRÓXIMA GERAÇÃO

De: Pra. Ezenete Rodrigues e Henrique Krigner
Para: você

Querido(a) _____,

Você chegou ao final deste livro e agora já conhece muito bem a nossa história. Sabe de onde viemos, como encontramos Jesus e de que forma passamos a entender que somos intercessores.

Entretanto, mesmo que você fique impactado com algumas das nossas experiências, o mais importante é reforçar a verdade bíblica de que todos nós somos intercessores. Ou seja, tudo o que foi lido nas páginas anteriores está disponível a você também. A porta está aberta!

Caso decida se aventurar a abraçar seu chamado como intercessor, saiba que essa jornada irá mudar sua vida. Ao longo do caminho, você se sentirá impelido a abrir mão de alguns relacionamentos; seus hábitos do dia a dia serão transformados e seu posicionamento passará a ser diferente.

Tudo isso levará você a um lugar melhor. Mas entenda que caminhar mais próximo ao Espírito Santo como um intercessor irá requerer também algumas renúncias que podem ser doloridas. Nesses momentos, lembre-se sempre do prêmio que está proposto (Filipenses 3.12-14) e de quantas vidas serão impactadas por sua intercessão.

Tendo isso em vista, a escolha de dar o próximo passo ou não é inteiramente sua. O que está diante de você agora é um convite, e não uma imposição. Se o aceitar, decidindo abraçar esse chamado, incentivamos você a literalmente dar um passo para a frente, onde quer que esteja, como um sinal profético de que está entrando em uma nova temporada de sua vida.

Então, nós, como intercessores e seus irmãos em Cristo, abençoamos você em nome de Jesus para trilhar essa jornada com passos firmes, arraigados na Palavra e em obediência à direção do Espírito Santo.

Que a unção que capacitou José para governar debaixo de uma direção sobrenatural de Deus esteja também sobre a sua vida, para que você influencie todas as situações através de clamores e declarações feitos em seu lugar secreto. Além disso, que a graça do nosso amado Jesus lhe conceda alegria, autoridade, poder e estratégias para abrir caminhos ao Reino de Deus onde ninguém mais desbravaria.

Portanto, em nome de Jesus, levante-se, dê um passo para dentro do novo e transforme o mundo com o poder da intercessão!

Que Deus abençoe você!

Ezenete Rodrigues

Henrique Krigner